高校学生管理工作与管理模式创新

程细平　著

北京工业大学出版社

图书在版编目（CIP）数据

高校学生管理工作与管理模式创新 / 程细平著 .
—北京 ：北京工业大学出版社，2021.5
ISBN 978-7-5639-7993-6

Ⅰ．①高… Ⅱ．①程… Ⅲ．①高等学校－学生－学校
管理－研究－中国 Ⅳ．① G645.5

中国版本图书馆 CIP 数据核字（2021）第 111498 号

高校学生管理工作与管理模式创新

GAOXIAO XUESHENG GUANLI GONGZUO YU GUANLI MOSHI CHUANGXIN

著　　者：程细平
责任编辑：张　贤
封面设计：知更壹点
出版发行：北京工业大学出版社
　　　　　（北京市朝阳区平乐园 100 号　邮编：100124）
　　　　　010-67391722（传真）　bgdcbs@sina.com
经销单位：全国各地新华书店
承印单位：天津和萱印刷有限公司
开　　本：710 毫米 ×1000 毫米　1/16
印　　张：11.25
字　　数：225 千字
版　　次：2022 年 5 月第 1 版
印　　次：2022 年 5 月第 1 次印刷
标准书号：ISBN 978-7-5639-7993-6
定　　价：58.00 元

前　言

高校学生管理作为高校管理的重要组成部分，随着社会环境、经济环境及科技的飞速发展，也面临诸多新的问题。在新形势下，高校大学生的思维意识、价值理念等都发生了较大变化，学生思想活跃度越来越高，对新事物的接受能力有所增强，如果不能对传统的管理模式和理念加以创新和优化，就很难保证管理工作的有效落实，进而影响大学生的健康成长，阻碍学生个人的进步与发展。基于此，本书对高校学生管理工作与管理模式创新展开了系统研究。

全书共七章。第一章为绪论，主要阐述了高校学生管理的内涵与外延、高校学生管理的主客体与任务、高校学生管理的指导思想与原则、高校学生管理模式的理论内涵、新形势下高校学生管理工作的紧迫性等内容；第二章为信息化思维下高校学生管理现状，主要阐述了高校学生管理的现状与问题和高校学生管理信息化现状与重构等内容；第三章为高校学生管理工作的机遇与挑战，主要阐述了高校学生管理工作的历史沿革、高校学生管理工作的新机遇、高校学生管理工作的新挑战等内容；第四章为高校学生管理工作理念的探索创新，主要阐述了高校学生管理工作理念创新的意义、高校学生管理工作理念创新的实质、高校学生管理工作理念创新的重点方向、高校学生管理工作理念创新的实现途径等内容；第五章为高校学生管理工作制度的探索创新，主要阐述了高校学生管理制度变迁的基本线索、高校学生管理制度变迁的主要轨迹、高校学生管理制度变迁的经验反思等内容；第六章为高校学生管理模式的探索创新，主要阐述了高校学生管理模式的反思与创新、高校学生管理模式创新的基本原则、高校学生管理模式创新的途径探索等内容；第七章为高校学生管理工作创新的趋势探索，主要阐述了"微时代"下高校学生管理工作的创新、大数据时代高校学生管理工作的创新、互联网时代高校学生管理工作的创新等内容。

为了确保研究内容的丰富性和多样性，作者在写作本书过程中参考了大量理论与研究文献，在此向涉及的专家、学者表示衷心的感谢。

最后，限于作者水平，本书难免存在不足之处，恳请同行专家和读者朋友批评指正！

目　录

第一章 绪 论

高校学生管理的改革是一个不断发展、成熟的过程。各大高校及时更新、修正学生管理内容，推动高校管理走向科学化，为高校学生管理制度的革新提供新思路，维持有序的校园秩序，为社会发展培养中国特色的社会主义接班人和合格建设者。本章分为高校学生管理的内涵与外延、高校学生管理的主客体与任务、高校学生管理的指导思想与原则、高校学生管理模式的理论内涵、新形势下高校学生工作管理的紧迫性五部分。其主要包括高校学生管理、高校学生管理的主客体、高校学生管理指导思想、管理方式、经济全球化的冲击与挑战等内容。

第一节 高校学生管理的内涵与外延

一、高校学生管理的内涵

在我国，早期的高校学生管理，主要侧重于教学方面的管理，包括在校学生的学籍管理和有关考试的管理等内容。学生管理的具体内容是指学生在校读书期间的生活、学习及行为规范等内容。这一规定的出台，使高校的教育工作者对学生的管理开始加强。然而，随着时代的发展与社会的进步，高校的学生管理工作也逐渐面临着越来越大的挑战。后来，由于这一概念范围不断地加大，该词语正式成为学生工作者的代名词。结合我国现有的学生管理资料及数据信息，学生管理可以阐释成出于对学生全面发展的考虑，学生、社会及家庭均需要参与到学生管理中，实现"三位一体"的管理模式，保证三方面的教育能够同源同频，不至于产生原则上和理念上的冲突和歧义，使学生形成正确的思维观念。

高校学生管理在不同时期有不同的名称，如学生思想政治教育管理、学生工作管理及学生事务管理等。其概念主要分为以下三种：一是非学术性事务和课外活动领域的管理；二是教学、科研和学生事务等相关领域的管理；三是综合以上两种管理。

其一，蔡国春认为高校学生管理是学校中非学术性事务和课外活动对学生施加教育影响，以规范、指导和服务学生，丰富学生校园生活，促进学生成才的组织活动。其二，吴丽芳认为高校学生管理是指对学生在校期间的行为进行教育与管理的工作。其三，张冠鹏综合以上两位学者的观点，认为高校学生管理是高校按照教育方针的要求，遵循教育规律，在一定教育价值观的指导下，运用科学的方法，有目的、有计划、有组织地对学生施加教育影响，并指导、规范和服务学生，促进学生成长、成才的组织活动。因而，无论哪种定义，都是以学生的成长、成才为最终目标。

根据高校学生管理的相关定义，并结合相关研究内容，高校学生管理定义为对学生从入学到毕业在校阶段的学习、生活进行管理，对高等学校学生校内外和日常生活行为进行管理，主要涉及学生学籍、学生权利与义务、校园活动及奖励与处分等方面。

二、高校学生管理的外延

（一）管理理念

西方发达国家和中国的文化存在着较大的差异，所以在学生的教育和管理方面也呈现出不同的形式。目前西方高校的管理方式采用的是自治管理。不同地区学校的教育方式和管理方式都有自己地方的特色，所呈现出的教育成果也更加多元化。学校从学生的角度来考虑问题，奉行学生的利益大于一切的原则，这在很大程度上培养了学生自我管理的能力。就国内而言，高校的管理者应该充分重视学生的自主管理权，在"以人为本"的原则下，培养学生自主思考、自主管理的能力。

（二）管理体系

学校集中统一管理是国外高校学生事务管理的主要体系，该体系有较强的独立性，分工专业性是其较为突出的特征。该管理体系趋向于扁平化的管理结构、较少的管理层次和较宽的管理幅度，这使其管理活动有较高的分权化。

就国内而言，我国多校区高校学生管理工作依托于党政结合的管理体系，采取学院、班级等进行分层管理，管理层次较多、管理幅度较窄和组织结构呈金字塔型是其主要特征。从现在国内高校的管理来看，学校在积极地开展各项校园活动，这些活动的开展在很大程度上提升了学生的主观能动性和积极思考的能力，很多学生主动参与到社团活动中。此外，学校还设置了参加社团活动加学分的管理措施，让更多的学生参与到社团活动中。

（三）管理队伍

随着教育事业的不断发展，高校逐渐认识到学生管理工作的重要性，想要对学生进行有效的管理，就要不断加强管理队伍的建设。通过对国外高校管理队伍相关文献的研究发现，发达国家十分重视学生的管理工作，所以对高校的管理者要求很高。在教育事业发展较快的国家，管理人员的学历一定要高。此外，对管理人员的专业也有一定的要求，相关的从业人员大多主修教育学和心理学专业。从本质上来看，学生的管理就是学生的教育问题，所以聘请教育方面的专家有利于学生的管理。高校学生内心较为敏感，学校离家远，同时这个阶段的学生即将步入社会更容易感到迷茫，所以学生的行为常常难以让人理解，一旦管理的方法不当，就会出现适得其反的效果。心理学方面的专家能够及时了解并掌握学生的心理动态，当其发现学生出现了心理问题时，可以及时使用正确的方法帮助学生走出困境。现在国外的高校将管理人员划分为三种层次，分别为初级、中级、高级。不同级别的管理人员在招聘条件上也存在着差异，同时管理人员的薪资待遇也不同。将管理者划分为不同的等级，针对学生的不同情况进行管理，从管理效果来看，这种管理方式存在着诸多可取之处。

国内高校的管理人员主要分为三种：社会公开招聘的管理人员；毕业后留校任教人员；从事过思想教育工作的人员。无论是通过哪种方式招聘的高校学生工作管理人员，都应该在他们正式上岗前对其进行专业的培训，使他们具备丰富的理论知识，这样才能在实际工作中不断总结提升。另外，要提高高校管理工作人员的薪资待遇，这样才能提高相关工作人员的工作积极性，从而提高国内高校管理队伍的整体水平。

第二节 高校学生管理的主客体与任务

一、高校学生管理的主客体

（一）高校学生管理的主体与客体

我国的传统教育遵循的都是教师教、学生学的原则，在这个教与学的过程中，教师处于主导地位，是学生管理工作的主体。学生则主动或者被动地接受。因此，对于高校学生管理，它的主导者依然是学校的管理者或者教师。在这个过程中，由于学生的知识和认知有限，许多知识和认识都来源于书本和课堂，所以他们在高校学生管理中就是被管理的对象，是客体。

（二）高校学生管理中高校与师生的权利和义务

1. 高校的权利和义务

（1）高校的权利

我国高校一般被界定为事业单位，从《民法典》第 87 条和《事业单位登记管理暂行条例》第 2 条规定中可以总结得出，事业单位具有以下 3 个特点：①事业单位为非营利性法人；②事业单位是由国家机关或其他利用国有资产的组织为社会公益而举办的；③事业单位是从事教育、科技、文化、卫生等活动的社会服务组织；高校作为从事专业教育的社会服务组织，既是教育实施的场所，也是实现国家高等教育功能的载体。《中华人民共和国高等教育法》第 30 条第 2 款规定：高等学校在民事活动中依法享有民事权利，承担民事责任。

但是通过对高校管理活动的整体考察可以发现，高校具备的法律资质并非单一的，高校不仅作为民事主体进行高校管理和社会服务，还可以作为行政主体对师生进行管理。根据行政主体理论，行政主体是指拥有国家行政职权并能以自己的名义行使职权并承担义务的组织，我国行政主体包括行政机关和法律、法规授权的组织。高校作为事业单位，其法律地位并未暗含行政权之意，高校具有的行政主体资格是基于法律、法规的授权。

根据《中华人民共和国教育法》`（以下简称《教育法》）、《中华人民共和国高等教育法》（以下简称《高等教育法》）、《中华人民共和国教师法》（以下简称《教师法》）、《中华人民共和国学位条例》（以下简称《学位条例》）等多部法律、法规的授权，高校除了享有包含教师职位评聘权、学生学籍管理权、学位证书发放权、师生处分权，还享有章程制定权、申诉处理权、考核权、教师聘用权、高校自治权。

1）教师职位评聘权

我国高校教师职务任职资格的评审分为三个层次：第一层次是国家教育委员会指导全国评审工作；第二层次是省、自治区、直辖市或者经国家教育委员会同意的国务院有关部委成立的高校教师职务评审委员会负责本地区或者所属高校某些专业的评审工作；第三层次是有学士学位授予权的高校成立教师职务评审委员会和委员组进行评审工作。

2）学生学籍管理权和学位证书发放权

根据《高等教育法》第 41 条第 4 款的规定，可以确定学生学籍管理为行政管理，高校对学生学籍的管理包括入学注册、学籍变动、学籍记载、学籍注销以及其他有关学生资格的管理，学籍管理始于学生入学注册，终于学生肄业认定或学位授予。高校学位证书发放权是依据《高等教育法》第20条、第21条的相关规定，高校在学生毕业论文评审合格并符合毕业要求后对其进行学位证授予及证书发放。我国高校的学位分为学士学位、硕士学位、博士学位，高校作为法定的学位授予单位，在法律、法规规定的范围内行使权力。

3）师生处分权

高校对师生的处分是指高校对师生违法、违章行为而作出的不利管理决定。高校对教师的处分包括《教师法》第37条规定的当教师具有法定情形时，高校可对教师作出行政处分或者解聘，包括在日常教学过程中，高校基于教师未完全履行聘用合同义务为由而作出的非行政处分（如因教师上课迟到而对其进行罚款）。《普通高等学校学生管理规定》第51条规定了高校可以对学生作出行政处分，具体处分种类包括警告、严重警告、记过、留校察看、开除学籍。

4）章程制定权

根据《教育法》第29条的规定，高校在管理活动中除以法律、法规为依据外，还可以依据高校章程进行管理。高校章程是高校根据法律、法规制定的，具有一定的条文形式，并且对高校的设立、运行、发展等重要问题作出规定的规范性文件。高校按照《高等学校章程制定暂行办法》制定作为大学之"根本法"的高校章程，对高校活动的基本问题、重大事项具体化，对高校内部利益相关者的权责进行界定，划分了高校管理中不同机构间的职责，确定了高校决策、高校执行、行政监督等各制度的运行方式，高校章程在高校管理中起着举足轻重的作用。

5）申诉处理权

高校享有的申诉处理权是指高校内部师生认为学术研究、奖惩、考核等高校管理行为对其合法权益造成损害向高校寻求救济时，高校依据师生救济主张而进行自我审查的权利。根据《普通高等学校学生管理规定》第59条的规定，学校成立学生申诉处理委员会，负责受理学生申诉案件。高校的申诉处理权是一项自查自纠的权利，处理决定对师生均生效。

6）考核权

高校考核权根据考核的主体不同分为教师考核和学生考核。根据《教师法》第22条的规定，高校对教师考核的内容包括政治思想、业务水平、工作态度和工作成绩等方面。高校考核的标准、具体内容可以通过内部管理规定和规范性文件进行设定。考核的结果是教师受聘任教、晋升工资、职称评定、实施奖惩的重要依据。教师考核既是高校教师人事管理的一部分，也是人事管理的依据，对教师权益造成直接影响。高校学生考核分为考试和考查两种，考核的成绩记入成绩册并归入学籍档案。高校学生考核与学生奖助学金的评选息息相关，同时成为学生是否具有毕业资格的依据。

7）教师聘用权

教师在新中国成立时期属于编制人员，被纳入计划管理体制。20世纪80年代国家机关改革，高校中教师身份多样，既有同比公务员的编制人员，也有非编制人员。为了统一高校教师身份、解决用人制度问题，1998年《高等教育法》规定高校教师实行聘任制度。目前我国实行高校教师聘任制，高校有权在双方平等自愿的基础上与公民签订聘用合同，约定权利义务。

8）高校自主权

高校享有的权力（利）除以上权力（利）外，还包括高校自主权。高校自主权是法律、法规授予高校在专业领域自己作出决定的权利。随着高校对学校管理的独立性的依赖加深，政府管理高校时无法再继续采用传统的粗暴、专制的管理方式，为适应高校自身发展，高校自主管理是必然趋势。高校自主权种类繁多，《高等教育法》第32～38条分别规定了招生录取自主权、专业设置自主权、教学自主权、科学研究与技术开发和社会服务自主权、境外高等学校之间的科学技术文化交流与合作自主权、财产自主管理和使用权六种高校自主权。

（2）高校的义务

高校作为民事主体与行政主体开展各项活动时，除享有一定权力（利）外还需承担一定义务。高校承担的义务主要包括遵守法律、法规的义务，开展高等教育工作的义务，保障师生合法权益的义务，合理收费、信息公开的义务，接受监督的义务。

1）遵守法律、法规的义务

高校管理中章程的制定、教学计划的实施、师生管理、财产使用等行为都必须遵守法律、法规的规定。

2）开展高等教育工作的义务

高校要及时设置学科门类、制定相关教学计划、聘请相关人员进行教学活动，同时要为开展教育工作提供相应资金、设备。

3）保障师生合法权益的义务

高校管理不得随意损害师生的财产权、生命健康权、自由权、受教育权等权利，同时要排除外部力量对师生生命健康权、自由权等权利的侵害。

4）合理收费、公开信息的义务

高校按照国家制定的标准,合理收取学费、住宿费、书本费等其他相关费用,并公开收费标准。同时,高校还要对学校基本信息、机构设置、人事管理内容、财产使用情况、奖助学金评定与发放等涉及高校管理重要内容的信息进行依法公开。

5）接受监督的义务

高校依法接受教师、学生、高校内组织、校外组织、教育主管部门的监督。

2. 教师的权利和义务

（1）教师的权利

1）教学自由权

教师可以自主安排课堂教学内容与教学方式,可以自主设计课程安排、考试并自主实施,可以自主选择教材。

2）学术自由权

教师可以决定自身学术研究方向并制定具体实施方法、自主选择课题、自主组建课题组成员。

3）获得物质报酬及奖励权

教师依法获得劳动报酬,在寒暑假享受带薪休假待遇,享受物质奖励待遇。

4）获得培训权

教师培训既包括业务培训,也包括思政培训;既包括本校培训,也包括校外晋升培训。高校要为教师培训提供资金、时间。

5）参与管理权

教师有权参与的管理既包括学生管理,也包括高校事务管理。教师有权对学生的培养计划、课程安排、考核形式等进行管理,也有权对高校学科设置、人员安排等教育教学、管理工作实行监督,进行民主管理。

6）救济权

高校教师认为高校侵犯其合法权益的,对高校决定不服的可以行使救济权。教师的救济权的获得方式包括寻求校内救济和向教育行政部门申诉、提起民事诉讼。

（2）教师的义务

1）遵纪守法的义务

教师应当遵守法律法规,遵守职业道德,不可体罚学生,不得侮辱学生,不得侵犯学生合法权益。

2）教育教学的义务

教师应当按时完成教学任务，同时不断提高自我教学水平、完善教学内容。教师的教学内容不仅包括对学生进行知识性教学，还包括对学生政治思想的教育与引导，组织、带领学生开展有益的社会活动。

3）保护学生利益的义务

教师要避免自己的行为对学生利益造成损害，同时在发现他人行为对学生利益造成损害时要及时制止，保障学生财产权、生命健康权。

3.学生的权利和义务

（1）学生的权利

1）受教育权

高校学生有权在符合条件下接受高等教育，有权自主选择学校、专业、授课教师，有权参与学校教学活动、使用学校设施、获得公正的学业评价，有权组织校内团体、参与学生活动。

2）救济权

高校学生认为高校行为损害其权益或者对高校决定不服的可以向高校或教育行政机关提起申诉或向法院提起诉讼。

3）获得国家物资帮助权

高校学生有权获得奖学金，高校贫困学生有权申请国家助学贷款并获得国家助学金。

（2）学生的义务

1）遵守法律、法规的义务

高校学生的行为不能违反法律、法规。

2）服从高校管理的义务

高校学生必须服从高校管理，必须按照高校培养计划进行课程学习，必须满足高校考核标准才能获得学业证书，必须按照高校章程规定安排自我学习活动。

3）完成学业要求的义务

学生必须完成学校规定的学业任务，必须通过学校要求的各项考核，努力学习。

二、高校学生管理的任务

（一）培育全面学习能力

随着时代的不断发展，各行各业都发生了翻天覆地的变化，学生也要适应时代的发展潮流，充分利用自身拥有的资源，在教师的传授背景下展开自主学习，在主动学习相关政治理论及专业知识的同时，还应该具备相关的技能等。

1. 学习思想政治理论

全面学习能力的基础就是学习思想政治理论。除了主修课程，对思想政治理论的学习也是关键。要充分发挥高校学生在这方面的带头作用，就是要有理论的武装。其中，思想政治理论的核心是马克思主义、毛泽东思想和中国特色社会主义理论等。另外，还要从多个方面不断提升自身的政治素养。

2. 学习专业知识

高校学生要具备专业学习方面较强的能力，关键就是要储备较多的专业知识。而且扎实的专业知识储备为全面学习能力奠定了坚实的基础。对于专业知识的学习，学生需要投入大量的时间及经历。学习的专业知识不仅要符合这一学科的标准及相关学习要求，同时在实践活动中可以应用，还要经过不断的检验逐渐完善，如果对相关的领域充满了兴趣，可以进行深层次的学习。

3. 学习其他文化知识

知识并不是仅仅局限于一个领域，而且所有的知识都是融会贯通的，因此，除了掌握专业的知识，学生还要学习其他文化知识，从而不断提升自己的能力，帮助高校学生解决工作中的难题。对这一群体而言，专业知识要丰富，同时其他领域的知识也要有所掌握，不断完善自身。

4. 学习技能和技巧

随着时代的不断发展，技术也发生了很大的转变，对高校学生而言，知识是其需要重点掌握的内容，同时技能方面也需要其充实。掌握更多的技能也可以高效应用到日常活动中，有利于帮助高校学生顺利完成工作。良好的学习能力是高校学生完成工作的基础，同时也是合理分配学习及其他工作时间和精力需要具备的能力。学生的学习与工作并不是对立的，学生学习比较差的主要原因是其在学习过程中缺乏有效方法及指导，学习能力比较低，且没有合理分配资源。此外，良好的学习能力也是创新的基础。

王阳明指出，致知工夫并无轻重和大小之分。无论解决何种问题，都应该以一种诚心的态度去处理，而不是差别对待。假如在事情的处理过程中未能诚心对待，便会使主体失去了原有的意义，从而也未能与致良知相契合，导致对事务的处理产生相应的影响。所以，高校学生既应该具备致良知的思想，也应该在行动上保持高度一致，充分发挥主观能动性，做到由内而外，提升自己的个人修养和德行。

（二）培育应变创新能力

学生需要具备应变能力和创新能力。其具体内容包括以下几个方面。

第一，学生的应变能力表示一种对突发事件所做出的应急处理。具体来讲，当突发事件发生时，高校学生能够做到反应及时、处理准确且稳妥，并能对紧急事件和突发事件同教师一起顺利解决。大部分高校学生都能出色地解决相关事务，然而面对突发事件便不能得心应手。对应变能力来说，其本身具备检测的效果，在突发事件的处理中，从稳重性和周全性方面便可以知晓其中的差距所在。学生经过课程的培训和交流等，可以提升应变能力。如果高校学生面对突发事件，便可以及时基于间接的经验进行处理。此后，便可转化为直接经验供自己使用，以此将自身的应变能力加以提高。

高校学生的创新能力是指在日常工作中，如何运用新的工作方法创造性地完成工作。创新是当前时代的一项稀缺能力，尤其是在学生工作中。在不同时期，学生的现实情况也不相同。如果学生按照过去的方法盲目工作，他们的工作将成为无聊的学生活动。为了使学生的工作有新鲜的内容补充和新形式的帮助，高校学生的作用至关重要。高校学生属于普通学生，所以他们了解学生的喜好和需求。高校学生在学生活动中的创新能力与时俱进，学生活动的内容和形式更具创新性，使更多的学生乐于参与并有所收获。

换句话说，当遇到挫折或道德考验时，首先要反思自己的错误并尝试纠正错误。人们总是喜欢从别人那里寻找问题，并在他人道德败坏时谴责别人。然而，他们极少反思自身的行为是否可以通过良好道德的评判标准。王阳明非常注意自己的行为，认真考虑自己的行为是否道德。这样，他对道德就有了更彻底、更清晰的理解。在实践中，这种反映我们自己行为的方法需要我们去学习。也就是说，当谴责或评论他人的行为时，我们应该反思这样做是不是道德的。这种反求诸己的思想，正是高校学生需要的应变和创新能力的提升途径。

第三节 高校学生管理的指导思想与原则

一、高校学生管理的指导思想

（一）马克思主义思想

马克思是全世界无产阶级和劳动人民的伟大导师、国际共产主义运动的先驱，一生致力于全人类的解放事业，高度重视人的自由而全面的发展，马克思主义思想对我国高校学生管理工作具有非常重大的指导意义和深远的影响。分析当前高校学生管理的现状和问题，积极探索马克思人本思想在高校学生管理工作之中的运用，有利于促进高校学生的成长与成才，有利于推动高校学生管理工作的规范化、科学化。我国高校学生管理，主要应注意运用以下几个方面的理论观点和指导思想。

第一，坚持马克思主义关于人的全面发展的理论，培养有理想、有道德、有文化、有纪律的全面发展的高级专门人才，是我国大学的根本任务。做好研究工作首先要解决"为谁培养人"和"培养什么人"的问题。我国大学的性质决定了我们必须确保学校培养出来的毕业生，不仅要有扎实的科学文化知识和健康的体魄，还必须具有高度的社会主义觉悟，也就是要有理想、有道德、有文化、有纪律。要培养这样的新人，就必须按照马克思主义关于人的全面发展的教育思想创办教育。马克思主义教育思想的核心就是关于人的全面发展的学说。培养德、智、体全面发展的建设者和接班人的教育方针，是对马克思主义这一理论精髓的具体运用。邓小平说过，各级各类学校都要培养有理想、有道德、有文化、有纪律的人才。江泽民也指出，人的全面发展是"三个代表"的要求，是建设中国特色社会主义的本质要求。这些理论都是对马克思主义关于人的全面发展学说的继承、丰富和发展，是党和国家的教育方针的具体化。我们要把培养全面发展的"四有"人才作为我们的根本任务和落脚点。

第二，运用马克思主义关于辩证唯物主义的理论，用对立统一观点指导高校学生管理，在管理中坚持整体观。马克思主义辩证唯物主义哲学是一切社会科学和自然科学的理论基础。马克思主义的认识论和方法论，渗透于所有社会科学和自然科学之中，所以，也同样渗透于高校学生管理科学之中。要运用对立统一观点，坚持管理的整体观。在纵向上，坚持整体观就是坚持局部与整体的统一，从学生管理工作的整体系统来看，组成这个有机整体的各部分又都是一个支系统，是局部。学生管理系统的整体功能是由各部分的组合形式决定的，虽然支系统都各具有特定的功能，但它们都应服从学生管理系统的整体目的和功能，各支系统的要素都是为了整体目的而建立的。在横向上，坚持整体观就是要处理好各支系统之间的分工与合作的一致性，把各部门都协调到为培养全面发展的人才这一共同的管理目标上来。

第三，运用高等教育和现代管理科学理论指导高校学生管理，使大学生管理科学化。现代治校观念要求我们依靠现代管理科学理论来管理学校、管理学生。具体来说：一要靠教育科学，要遵循教育的外部规律与内部规律办事。例如，高等教育的规模为一定的经济基础所决定，反过来又作用于一定的经济基础。高等院校作为高等教育的主要载体和平台，人才、资源、市场面临着越来越激烈的竞争，理念、体制、结构也面临新的变革和调整。高校要准确把握社会脉搏，直接面对市场办学。大学生管理也要研究新情况、解决新问题，面向21世纪培养高素质的复合型人才。二要靠运用现代管理科学的理论与方法进行管理，使学生管理队伍的组织机构严密、管理制度科学、人员分工合理、职责范围明确、奖惩分明、动作协调、工作高效等。运用现代管理科学理论指导学生管理主要是运用它的基本原理，即系统整体性原理、要素有用性原理、动态相关性原理、人的能动性原理、规律效应性原理、时空变化性原理、信息传递性原理控制反馈性原理等。我们应在管理实践中力争使管理组织系统化、管理决策科学化、管理方法规范化和管理手段现代化。

第四，继承和发扬我国70多年来高校学生管理的成功经验。新中国成立后70多年来高校学生管理工作的成功经验是当今学生管理工作的宝贵财富。首先，我国大学必须坚持中国共产党的领导，坚持社会主义方向，这是我国70多年来办大学的一条基本经验。坚持党的领导就是用党的路线、方针、政策作为大学管理的基本指导思想，就是要确保大学的社会主义方向，调动全校师生的积极性，为培养德、智、体、美、劳全面发展的高级专门人才努力奋斗。坚持社会主义方向，是由我国大学的社会主义性质决定的，一切管理工作都要根据党的路线、方针、政策去组织和实施。各项规章制度的制定都要有利于坚持"一个中心、两个基本点"，有利于调动广大师生员工的社会主义积极性，这是衡量管理功能与效益的基本点；其次，管理工作规范化、制度化，即把既符合社会主义方向的又经过实践检验比较成熟的民主管理和科学管理体制、程序、办法用制度形式固定下来，使工作形成规范，其中心点是责、权、利相结合，使制度的思想性和科学性统一；再次，坚持理论联系实际的原则，面向社会实践，实行教育与生产劳动相结合。社会主义大学培养的人才，必须适应社会主义市场经济的需要，在思想上有高度的社会主义觉悟和共产主义献身精神，在业务上不仅要有理论知识，还要有较强的分析问题和解决问题的能力，要有实干精神和较强的独立工作能力。

（二）知行合一思想

"知行合一"，是指"知"与"行"为一个行为的两个层面，其并无时间方面的区别。"知"的本体为良知，良知充塞流行，呈现为现实性的活动或者事情，即"行"。若良知变为现实，则为"致良知"，而其又说按照良知做事，则为行良知，即"知行合一"。它是指从道德实践层面起，最后又回归这一层面的一个修身养性的方式。"知"即人人都有的良知，它的含义是指对于道德规范的知，"行"是指人对于道德的亲身躬行，即脚踏实地地去按照认知履行。只有将"知"与"行"相结合，才可以称为"善"。这一思想在本质是为了处理人们道德涵养与现实当中的知和行相独立的问题。文章之中的"知行合一"是说人们的认知活动与现实行动、道德方面的认识与行动间的一致性。在培养和管理大学生的过程中用道德推动理论，在现实之中让人们的品格心性得到磨炼与提升，基于此，来引导该群体培养管理的探究。

知行合一思想在高校学生管理方面的关键内容表现在以下两个方面：一方面，两者是相辅的。按照目前的理论来说，是使认识与实践相辅，如果仅仅是从理论方面着手，并不能够获得较好的成果，还需要通过实践来不断强化。高校需要对目前的方式进行转变，引进先进的理念，创新培养理念及方式，借助家庭及社会等多方面的优势和资源，构建符合时代发展潮流的实践教育的平台，在知行相辅理论的基础上对学生进行管理。另一方面，关键在于行。在培养及管理环节，要让他们学会知行一致的品德，将其重点落在实践及行为上，让知行合一的高校学生管理观念从语言符号转变为有益的行为。

二、高校学生管理坚持的原则

（一）理论与实践相结合的原则

理论与实践相结合，坚持实践是检验真理的唯一标准，这是马克思主义的基本原理，也是高校学生管理的基本原则。准确领会和掌握马克思主义相关科学及各种管理原理，从而把握它们的精神实质，这是搞好学生管理工作的前提。但是，管理原理的应用价值和范围，是受不同学校、不同管理对象和管理者水平等因素制约的。党和国家在社会主义现代化建设阶段有着基本的教育方针和政策，在各个不同发展时期，针对不同特点，又提出一系列具体的方针、政策和要求。这些方针、政策和要求，应当体现在各高校学生管理的具体措施、方法之中。但是科学的学生管理必须从本地区、本学校、本专业、本年级学生的具体情况出发，从学生的素质、兴趣、爱好和青年的生理、心理特点等出发，制定出相应的方法和措施。

（二）坚持民主制的原则

仅凭一个人的经验和才能是无法充分把握管理决策的，特别是在知识和信息飞速发展的当今时代，大学管理也需要民主化。充分调动内部人员的积极性，是提高组织生产效率的重要手段。

因此，学校应实行民主化管理原则，使教师可以充分行使民主权利，直接参与学校的管理活动。其优点是，教师参与学校的管理活动，能够使其管理者的权益得到保障，促使教师合理使用自己的监督权并能够激发教师在工作中的积极性。一般来说，大学的民主化管理表现在以下几个方面。

第一，对教师来说，学生管理不应是口号，而要付诸实践。特别是基于学校的发展目标、学生的目标、教师的总体目标，这是组织存在的必要条件，也是学校文化培育的必要基础。

第二，管理要提高透明度，教师有权利知道其关心的事情，有权利知道所有与学校利害相关的事情。

第三，教师是学校管理的实际参与者，有发表评论的机会，可以参加重要的学校会议，为学校工作提供指导性意见。同时，学校领导要经常倾听民意。

第四，在学校活动中，要以各种形式与教师进行交流。为了让有特殊才能的教师充分发挥其能力，应该给教师提供发表意见和建议的机会。

第五，善于放权，赋予教师管理监督的具体任务，使所有学校领导和教师建立起责任共同体意识。

此外，应让学生和家长参与学校的管理。学校应当定期向家长告知情况，支持家长对学校工作的审查。来自各行各业的家长，他们有着充足的社会经验，学校可以在某些方面慎重地听取家长的意见和需求，有助于自身做出更全面的决定。同时，学校不能忽视学生参与学校管理的决策，如教师的管理方式、教学质量管理、食品安全、食堂卫生等，这对学校的管理评价有积极的影响。学校让学生参与管理的主要目标是通过学生和教师的反馈，了解学校管理的弱点。学生可以通过体验民主的过程，来接受民主的教育和训练，以便培养学生的民主理念。

（三）与时俱进的原则

高校对学生的管理关系到学生未来的发展，必须坚持实事求是、与时俱进的原则。特别是在目前的市场经济条件下，大学生的管理应遵循历史的潮流。坚持实事求是、与时俱进的原则，从宏观角度来看，中国管理教育改革的实施，所有的学生也开始基于事实的教育管理的微观层面上，独立地、勇敢地革新，努力促进高校管理体制的成熟。在一些地区，教育阶段优秀的学生管理制度和管理方法对学生的整体发展有显著的影响。因此，管理者需要在现实的基础上，改变传统观念，以培养出与时俱进的人才为目标。

（四）坚持教育的原则

高校学生管理是一种特殊类型的管理类型，必须注重实施一致的管理原则，这种管理原则就是教育的原则。教育的原则不仅是学生管理的开始，也是学生管理的结束，如果没有教育的原则，虽然外部模式丰富，但内在本质与外壳相同，这种学生管理被认为是失败的。教育的原则是解释学生管理的主线，也是做好学生管理工作的唯一主线。一方面，高校作为教育型大学，要把学生培养成具有独立思考能力和良好行为规范的优秀人才。如何有利于教育，促进学生的健康成长，这是学校管理的人性化原则。另一方面，高等教育作为个人的运行机制，随着时代的变化，高等教育体系和学生管理机制不断变化，但变革和发展离不开教育的主线。当前，大学生管理必须重视学生，尊重学生的利益和发展，使学生朝着正确的方向前进，因此有必要对学生进行良好的教育。

（五）正当程序原则

1.正当程序原则的内涵

正当程序原则是指权力主体在做出影响相对人权益的行为时应当符合程序公正的标准。何为正当程序，国内外学者都未寻找到统一且明确的答案，对于正当程序内涵的把握，大多数学者从界定主要要素着手。作为正当程序原则最早渊源的"自然正义"包括两个方面内容：一是公平听证规则，即任何机关或团体在行使权力可能使别人受到不利影响时必须听取对方的意见，每一个人都有为自己辩护和防卫的权利；二是避免偏私规则，即任何人不能成为自己案件的法官，也就是说某案件的裁决人不得对案件持有偏见或拥有利益。"自然正义"包含着排除偏见和行政听证两个要素。后来正当程序原则被美国宪法第5修正案正式确立为宪法原则，并通过此后诸多司法判例的发展，正当程序原则主要要素中排除偏见，被具体化为回避制度，同时增加参与、信息公开要素。

（1）行政听证

"听证"分为广义听证和狭义听证。广义听证即"听取意见"，既包含行政主体"听"的义务，也包含相对人"说"的权利；狭义听证则专指听证会，是行政主体做出影响相对人利益的重大决策时，为听取相对人陈述、征集利益相关人意见而专门举办的座谈会。在座谈会中设有主持人、记录人，对行政法律关系双方进行提问并记录其语言，以作为日后行政决定的依据或参考。听证制度因为集中体现了"自然正义"的核心观点，所以被视为正当程序原则的核心。听证蕴含着任何人的辩护必须被公平地听取，其是正当程序原则最初就含有的重要因素。听证制度保障相对人话语权，让行政主体与行政相对人平等对话，有利于保障行政相对人的利益。

（2）回避制度

回避也就是排除偏见，开始是为保障司法独立与公正而提出的要素，它要求法官在审判时将一切影响公正判决的因素都予以排除。后来被迁移至行政领域成为回避原则。正当程序原则必然要求程序的公正，而程序公正一般以避免偏私、回避制度为应有之意。

从应然角度来看，政府在行使职权时是绝对理性主体，保持中立者态度，以一种超然的地位公正地管理各方利益。但是从实然角度来看，政府管理中如果遇到关联利益，可能无法做到绝对理性，当特定行政主体参与特定行政活动时可能做出不公正行为。为最大程度地保护相对人的利益，启动回避制度，排除关联利益，使行政主体作为中立者进行科学决策。我国行政回避的方式分为主动回避与申请回避两种，无论是主动回避，还是申请回避，都是针对影响公正执法因素的排除，回避制度是执法公正性的有效制度保障。

（3）程序参与

所有正当程序的落实都必须以行政法律关系主体的参与为前提，无参与则无实效，无实效的制度是无用的制度。现代行政的服务价值高于管理价值，程序参与体现行政主体服务群众的工作理念，保障的是相对人的主体地位，是对民本位思想的具体体现。参与权是指相对人有效地参与行政管理过程并能影响行政决定作出的权利。通过参与权的实现，行政主体与行政相对人形成良好互动的行政管理模式，改变以往的单向行政管理模式。在行政管理活动中，行政主体发挥协调作用，与行政决定有利害关系的公民参与到行政决策中阐释观点、表明态度，以促进科学决策。通过对公民程序参与的保障，发挥公民在社会管理中的主体作用，在行政参与过程中与政府积极沟通、献言献策，这对提高行政决定的公正性、科学性大有裨益，同时为决策实施时公众的认可度打下基础。

（4）信息公开

信息公开是公民行使参与权的重要保障。通过对重要信息的公开，保障公民知情权，使公民可以参与行政管理。①信息公开包括法律的公开，法律具有指引作用，而法律的指引作用发挥的前提是法律被公开；②信息公开包括事实的公开，行政主体要及时告知相对人行政决定的依据，告知其相关因素；③信息公开包括行政决定的公开，行政决定的公开即决定的送达，只有送达给当事人的行政决定才发生效力；④信息公开包括不利后果的公开，不利后果是行政决定导致的个人权利义务的不利变化，只有让当事人知晓利害关系，才能督促其及时寻求救济；⑤信息公开是救济途径的公开，无救济则无权利，只有告知救济路径，才可保证相对人的救济权能真正地被行使。

2. 正当程序原则的价值

（1）公平

公平是天平的杠杆，意味着不偏袒任何一方。正当程序原则的本源"自然正义"中包含"避免偏私"之内涵。避免偏私规则，即任何人不能成为自己案件的法官，也就是说，案件的裁决人不得对该案件持有偏见或持有利益。"避免偏私"开始是对司法独立与公正的要求，法官作为纠纷的评判者，必须是独立的、公正的，一切影响公正判决的因素都须被排除。正当程序原则中的"回避"制度即为追求公平价值而应有的主要要素。"回避"制度要求应当完全排除可能影响结果公正的情形，从而保证结果的公平。正当程序原则在行政法中适用，公众可以通过回避制度、听证制度监督行政权的行使，针对不公正、不合理的决定有权提出异议，并要求行政主体给予合理答复。

（2）正义

正义即公正的、正当的，所以正当程序原则的最高价值即正义。正义与"不义"相对，这也表明正义是被人接受且顺应道德性的存在。评价一个事物为正义还是不义，主要看此事物是否符合自身发展、是否顺应发展规律。正当程序原则所追求的正义价值，则要求正当程序原则必须利于实现主体权利，必须推动主体自身发展。

正当程序原则追求的不仅是结果的正当、合理，更是独立于结果正当而存在的程序正义。约翰·罗尔斯在《正义论》中提出程序正义的三种形态：纯粹的程序正义、完善的程序正义及不完善的程序正义，正当程序原则所追求的正义偏向于纯粹的程序正义。正当程序原则追求的程序只是程序本身，无关最终结果。其追求的正义价值的实现也无须依赖实体正义，并不以保障实体正义的实现为唯一目标。只要存在一定形式的正当过程，并且此过程符合正当性、合法性的标准，即可实现正当程序原则的正义价值。

（3）保障人权

人权是"人该有之"和"人皆有之"的权利。现代意义的人权不仅包括个人生存权，还包括个人财产权、身份权。人权是个人生而为人的权利，正当程序原则通过保障个人程序权利，给予了个人有尊严的表达自我意见时所需的陈诉权；给予了个人有序参与社会管理所需的参与权；给予了个人有尊严的享受个人财产自由、人身自由，不被行政主体肆意剥夺的权利；给予了个人有尊严的享受公正对待所需的回避制度的申请权。正当程序原则既保障了个人行使权利时应有的程序标准，也保障了个人在维护权利时所需要的公平对待，正当程序原则对人权的保障是有效且全面的。

3.正当程序原则的适用

对正当程序原则的适用这一问题的研究，首先要明确正当程序原则适用的范围，即说明何时可以适用正当程序原则，具体包括对适用的主体、适用的领域的考察。其次还要明确正当程序原则适用的标准，即说明如何适用正当程序原则，需要在正当程序原则追求的价值与其他法律规范追求的价值发生冲突时，具体考量并做出正确取舍。正当程序原则是我国行政法领域的"新生儿"，我国学者对于其适用问题的讨论不足，可以借鉴的合理观点相对较少。国内理论相对匮乏，可以借鉴国外理论，确立正当程序原则的适用。

（六）行政管理与思想教育相结合的原则

培养学生的共产主义思想品德，既需要耐心细致的说服教育，也需要坚持不懈的行为训练，使学校的教育要求变为学生的行为习惯，否则，教育的效果就不会巩固。学生良好行为习惯的训练和培养，离不开科学的管理，没有合理的规章制度、行为规范，思想政治教育就会空乏无力。行政管理在培养社会主义合格人才的过程中具有不容忽视的作用，它为教育工作提供规范、准则和纪律保证，但是具体的大学生管理是通过规章制度、行为纪律对学生的思想行为进行科学的指导和制约。这些制度、措施、纪律表现为社会与学校的集体意志对大学生的要求，表现为对大学生行为的外在限制。因此，单纯地运用管理制度去解决学生复杂的精神世界问题，是违背教育规律和不切实际的。社会主义高校对学生进行管理的措施的制定与实施，必须以提高学生的认识能力和培养学生遵守规章制度的自觉性为前提。自觉地遵守纪律源于正确的认识，离不开正确的教育，我们只有通过科学而有效的思想教育，帮助学生提高执行纪律的自觉性，才能真正实现管理的效能。

第四节 高校学生管理模式的理论内涵

一、高校学生管理模式要素

（一）管理方式

世界上各个国家都会因为文化环境、文化背景及文化精神上的差别，在高校学生的管理上呈现多种多样的管理模式，就算在学生管理方面有着悠久历史的英国、法国、美国、德国等国家，其国内的高校学生管理工作也是有着多元化的。无论是社会化的学生管理方式，还是学校内学生工作的管理方式，都有着一个共同点，就是分别按照自身的特征和功能来开展。

国内高校对于学生管理工作的开展还在慢慢摸索，不可以不根据本校自身的实际情况来直接搬运一些管理方式，因为学校之间的校园文化及办学特点都是不相同的，教学方式与理念也不一致，如果照搬必然会导致一些问题的发生，不按照自身的办学特色来制定的管理方式一定会与其产生冲突与矛盾。所以，要制定一个符合多校区持续展开的学生管理工作方式，要依据办学特色与我国的国情、校情等真实状况，再学习国外成功的有关学生管理工作方面的经验，两者相结合来摸索出一个恰当的学生管理工作的新方式，从而推动学校的整体发展。

（二）理论体系

英国、法国、美国、德国等国家的高校学生管理工作的展开历程都更替了家长占最高地位掌握经济大权的这一阶段，随着社会时代和学校管理工作的持续改革与发展，国外高校的学生事务管理工作才可以迈着稳健的步伐慢慢向更加成熟、更加专业的方向走去，在这方面的发展过程中，科学的管理理论引导在其中充分发挥了自身的作用，为其提供了很大的帮助。

国外的高校对学生自身发展这方面非常注重，其学生事务管理工作的关键点就是学生的发展，并且一直不间断地促进学生事务管理研究的理论化，最后产生了多种多样的学生管理工作职位及对应职责，管理团队的专业知识与管理能力也逐步提升，进而形成一个工作效率高、稳定运行的科学化学生管理工作机制。

因此，可以学习国外成功的学生事务管理理论成果，同时要结合国内多校区高校自身开展的真实状况、校园办学特色、学生事务管理方式等多方面，研究出适当的管理理论，形成一个与学校自身特质相适应的科学化学生事务管理理论机制，并且要通过实践过程找出不合适的问题以及需要改善的方面来进行充分的优化及提高。

（三）管理队伍

随着社会经济的快速发展，各行各业都会慢慢展现出向专业方面发展的趋势，高校学生事务管理工作的开展也会紧跟时代发展的步伐，慢慢走向专业化的发展道路。美国的高校对学生事务管理工作给予了高度的关注，他们把这项工作当作一个专业，并且对学生事务管理工作学术理论方面的研究和学生事务管理队伍专业能力的培养也给予了高度的重视，形成了一支专业知识过硬、工作效率颇高的学生事务管理团队。

美国的高校对学生事务管理人员的要求是：首先要拥有专业学位，其次要受过专业化、系统性的知识培训，最后要将学生事务管理当成自己的一个职业，尽到应尽的有关职责。除了这些，美国高校还在学生事务管理岗位上拟定了一系列清晰明了的管理制度及升职晋升的条件。

另外，美国的高校还对校内专业组织以及知识团体的建立给予了高度的重视，并且为学生事务管理打造了专业的校园期刊等，这都是让美国的高校学生事务管理可以逐渐迈向成功、迈向成熟的因素。放眼国内，即使我国也针对高校的学生管理工作打造了一支专业的管理队伍，在人员专业素养、专业知识培训、队伍的范围及福利报酬这些方面都有了显著的提高，但是与国外的团队相比，还是有着一些差距。

所以，国内应该尽早开设一个与学生教育管理有关的专业，培养出优秀的学生管理工作专业人才，推进国内高校学生管理工作专业化的发展，来满足将来国内高校学生管理工作展开的需要。

（四）工作理念

国外的高校对学生开展自主组织给予了很大的重视，并且支持、提议学生们都能够踊跃地加入学生事务管理工作中，提高学生自我能力的同时，还能够为学校出一份力量。所以，学校通常会建立校内的学生会组织，学生要经过一系列的考核、面试等程序来获得加入批准。学生在加入学生会组织或者其他有关团体之后，不仅可以享用工作套餐、专有宿舍、专门的保洁卫生等多样化服务，还可以获得学生会组织定期给予的酬劳，让学生也可以进行自主运营及自主管理。这种学生自主管理的组织既可以为学校减轻在学生事务管理工作上的压力和精力，还大大减少了学生事务管理工作上的一些烦琐小事的解决时间，学生在为学校出力的同时，还可以提升自我管理能力、自我教育能力、自我服务能力。

另外，困难学生也能够通过参与学生会组织来增加一份经济收入，从而缓解经济困难带来的压力。因此，需要结合国内高校的真实发展状态，来合理地制定出自主型的学生自我管理模式，对有效改善国内目前高校学生事务管理工作起到非常有利的作用。

（五）工作体制

高校的学生管理工作形势相当严峻，就需要我们不断寻求新的办法，来解决多校区管理工作中存在的不足。

1.处理好集权与分权的矛盾

个别省份的高校的校区均比较分散，学生数量多，并且不同校区有着不同的特点。那么，怎样做好集权管理，就是一个重要的课题。只有处理好它与分权管理之间的矛盾，才能更好地推动高校沿着良好的轨道发展。个别省份的高校的主校区采用集权管理，并且赋予分校区适当的权利。每一个分校区都有自主实行学生管理的权利。

2.建立统一而又独立的学生管理工作机制

个别省份的高校分校区较多，主校区仅有一个，是学生管理工作运作的核心，为各个分校区的学生管理出谋划策并进行相应的指挥。个别省份的高校的学生管理工作应该结合各个校区的实际情况，科学合理地制定管理方案，保持各个校区之间的沟通与协调。如果想要实现各个校区的有效管理，就应结合每个分校区的不同，对各个校区的学生管理工作差异进行实时总结，保证管理的统一性。

（六）学生参与

社会工作介入高校社区建设中，以丰富的社区活动为载体，促进不同年级和专业的学生展开丰富交流，促使学生不断学习礼貌的人际交往行为，提升学生的道德素质和交往能力。在开展相关组织工作中，社会工作的工作方式和技巧展现了人际交往策略，学生在活动中可以主动学习平等关系的建立和维护。

另外，社会工作介入高校社区中，打破了传统校园活动中年级、专业乃至宿舍之间的壁垒，拓展了学生的人际交往圈，增加了更多的人际交往可能性，这也是学生进入社会后开展人际交往活动的预演。

社会工作通过组织活动、强化人际交往等方式，营造真诚、温馨的社区氛围，提升高校社区的团结力和学生的参与感、认同感。首要而言，应当注重强调校园文化和服务中的公共意识，促进学生积极主动地参与到社区管理活动中，培养学生在社会公共事务中的责任感，让学生成为高校社区中的主导者乃至领导者，最终成为高校学生管理的中坚力量。

社会工作以焕发学生参与感为首要目标，不仅可以提升服务对象（学生）的能力，使服务对象在遇到困难、面对人生的挑战时能够积极地面对、学会思考、主动探寻解决问题的途径，实现"自助"。"自助"是个体成长、能力提升的重要表现。大学是个体初步社会化的摇篮，也是"三观"逐渐形成的关键期，因此大学生应当更加努力学习，扩大知识储备，学习社会规则，掌握社交礼仪并逐渐将其内化为自己的行为习惯和认知。

社会工作介入高校社区服务时，社会工作要提倡"自助"与"互助"理念，并且将这一理念与工作实践相结合，为学生提供学习示范的同时，提升学生的参与感，通过学生间的"互助"满足个体多样化的物质生活与精神生活需求，让学生充分感受和理解"自助"与"互助"理念的精神，并主动吸收学习这一理念，最终将这一理念内化为自己的认知，伴随其走向社会。

（七）校园文化

1.长期规划传承创新

首先，要结合各高校的发展历程和中国文化确立校园文化的发展方向，制定校园文化发展的总目标，做好长期规划。个别省份的很多高校有多个校区，各分校区应坚持高校文化发展的总目标不动摇，结合自身院校发展的实际，设计符合自己院校发展的长远目标。并且，在规划目标的过程中，要充分考虑师生的共同愿望，在学生信息化平台进行交流与互动时，增加全体学生对校园文化的认识，每个校区的校园文化都有一定的不同，保持着自己院校的特色，之所以会这样，是因为每个校区都有自己的发展历程，有自己独有的地理位置与风土人情。有的校区是通过合并得来的，校园文化与主校区的文化实现了互相交融。然而，并非一味地接受主校区的文化而失去自己的特点，而是将两种不同文化相互融合。在实现校园文化融合的过程中，应取长补短，从而增强校园文化的凝聚力，加强分校区与主校区的文化交融。拓展类型的新校区，就要充分以主校区的校园文化为基础，注重对主校区校园文化的传承。传承的内容不是一种文字形式，而是一种文化精神与思想，依据不同校区的发展特点，建设属于自己的文化，才是当务之急。

2. 校区物质文化

各高校校园文化有不同的表现形式，即物质文化和精神文化。物质文化是一种有形的存在方式，生活中有实际的物体，体现着校园文化。它的存在形式主要有建筑物、校园景观、人文景观。如果是新校区，那么物质文化就不再是单纯的建筑物，也不是图书馆和院校规模，而是主要表现在以下几个方面。

第一，设计一些能够代表校园文化、代表着高校多年来的发展历程且记载着高校特定的文化内涵的建筑物。例如，北京大学门口的一对石狮子就有着很重要的意义，有很深的历史价值。倘若高校具备一定的经济基础，也可对新校区进行创建，可以丰富校园文化，增进各个分校区对主校区校园文化的认识，使各个校区之间更加团结。

第二，设立校园文化展览馆。建设展览馆的目的是记录高校多年来的发展历程，体现校园文化的内涵，记载着高校发展的兴衰。因此，建设高校展览馆，有助于增加师生对高校历史的关注与认同，增强高校的凝聚力的同时，还有助于提升学生的精神风貌，传承主校区的文化，加强各个校区之间的互通与团结。

3. 精神文化建设

精神文化是校园文化建设的核心，是灵魂所在，体现着各个校区的价值取向、人文气息。精神文化的发展不是一朝一夕的，需要一个长期的过程，记载着一个校区的发展历程。因此，新校区在加强精神文化建设的过程中，应该从以下几个方面入手。

（1）营造良好的学术氛围

国内的学者提到，如果想要提高高校的教学水平，好的学术氛围是必不可少的。由此可以看出，一个好的学术氛围关系着高校的长远发展，应该做好如下几个方面。

第一，创造良好的学术氛围需要正确的理念指导，除了需要全体师生的大力支持，还要有相应的管理制度来维持学术研讨会的秩序。在高校层面，学术研究只有自由的氛围是不够的，还应有先进的思想和认识，同时要将学术管理作为高校日常管理的一项重要内容。

第二，合理进行校区的定位，如果有的校区具备良好的教学条件，可以做不同学科的研讨会，做好各个学科之间的贯通与衔接，将各个年级的学生聚集在一起进行统一教学研讨，积极促进各个年级学生之间的交流。

第三，定期组织学术活动，丰富学术研究内容，扩大学术研究的范围。主校区要开展学术活动，分校区也要做好相应的开展，增加学术会在各个校区的影响力。让各个校区的每一位学生认识到学术研讨的重要性。

（2）开展品牌活动，促进师生之间的交流

在各高校的多个校区进行品牌交流活动，将多种品牌在学生之间推广和普及，积极调动学生的积极性，促进学生之间的交流。号召主校区协同多个校区开展此项活动，加强主校区与分校区的师生之间的认识和交流。

4.创新制度文化

各高校的校区文化建设离不开完善的管理制度。管理制度体现的是高校的一种文化，为使校园文化建设更加健康，就应采用合理的管理制度。因此，加强校园文化制度建设势在必行，应从以下两个方面着手。

第一，多个分校区的制度建设应以本部的学生管理制度为基础，根据自己现行的学生管理制度，保持自身的特点，加强自身的制度建设，通过研究主校区的制度文化，结合本校区发展的实际，考虑本校区的地理环境、组织结构特点及人文情况，制定合理的制度，以促进分校区学生管理工作的开展，同时要继承和发扬主校区的制度文化精神。基于主校区的管理制度相对成熟，各分校区应该借鉴主校区的管理制度文化，并以此为基础，结合自身院校的特点进行补充和完善。

第二，坚持以人为本的制度理念，把师生作为管理的主体，充分考虑到师生的实际需求，激发广大师生的工作热情和学习热情，强化师生对校区文化制度的认可。所以，在完善学生管理制度的同时，既要结合本校区的发展历程，也要考虑本校区独特的人文情况和地理环境等。为了能让教师更好地工作，学校应适当地增加通勤车，合理安排课堂的作息，做好教师值班的工作，充分考虑教师与学生的实际，出台合理的管理制度，体现高校的人文化关怀，坚持以师生为本位的理念。

（八）管理理念

随着学生数量、范围的不断扩充，理应对多校区合并或者扩展招生后的高校实际情况以及给学生带来的有关生活方式和学习方式上发生的变动展开思考和研究，并且提出相应的解决对策，贯彻"以学生为本"的管理理念，切实在实践中落实以学生为核心的工作理念。让自身不断去习惯、去顺应新校区的新型办学方式，对于这个迫切需要解决的问题，要一改传统的教学工作理念，并且更换新的适合本校办学文化的工作观念。从一而终地坚持以学生为核心的工作理念，这不单单是对高校学生事务管理工作建议的基础规定，也为推进今后大学生现代化、科学化的开展带来重要的影响，所以一定要对此予以重视。始终坚持以学生为核心，秉持"以学生为本"的工作理念，不仅有利于提升高校学生事务管理工作的效率，还有利于学生今后的多方位发展，是培育成功、成才的优秀学生过程中的一个必不可少的环节，成功建立起"以学生为本"的工作理念，必须要做到以下两个方面。

第一，充分发挥学生的自觉能动性，培养学生进行自我管理的能力。开展学生事务管理工作的重点就是要激发学生自身的主动性及积极性，学生形成自我管理意识不仅可以提高学生自身的管理能力、自控能力、学习能力等，还对发掘学生的各方面潜能有着很大的帮助。要加强倡导的力度，让学生学会自我管理、自我教育、自我服务，从被动管理转变为自主管理。

同时，学校要注意，不要单单将学生看成被管理者，这样不仅不能将学生不想被管理的强烈反抗心理消灭掉，还可能使这种心理加重，并且对大学生自主管理的培养和发展也非常不利。学校要维持学生自觉的特性以及对法律法规的认知和对事物的责任心，应该为学生的自主管理提供高品质、以学生为核心、轻松愉悦的文化环境、学习环境及生活环境，从而推动大学生自主管理、自主教育、自主服务的发展。

第二，将学生宿舍作为主要着手点。高校多校区的宿舍位置分布得都比较零散，并且在一定范围内宿舍楼的密度比较大，因此学生对班级的观念越来越淡，与班级距离也渐渐拉远，学生更愿意待在宿舍，在宿舍生活及学习的时间日益增多，并且对宿舍也产生了一种强烈的依赖心理。在学生宿舍中营造一个轻松愉悦、学习气息浓厚的良好文化气氛，不仅可以让学生时刻抱有踊跃学习的态度，还可以激发起学生的求知欲，让学生形成一种健康向上的观念，并且将这个观念落实到实际的生活和学习中去。

经过清晰了解学生的宿舍文化，学校的管理人员可以进一步地了解学生平时的情况，可以更精确地把握从实践调查中直接获得的资料，在思想政治工作方面更加具有有效说服学生的能力及强烈感染学生的能力。

二、高校学生管理模式构建的原则

（一）目标任务原则

根据组织管理结构理论，组织管理应当将目标任务按照组织责任进行分配，充分协调各任务的责任主体。高校学生管理结构应当以目标任务为导向构建上层建筑，并将目标任务明确到部门和责任人，使组织管理结构职责明确、结构清晰。

（二）适应性原则

适应性原则是指高校学生管理结构的设计应当与育人目标、主客观影响因素、自身资源等相适应。首先，管理结构应与育人目标相适应，这是管理工作最根本的保障。其次，高校学生管理结构应与主客观影响因素相适应，特别要充分考虑客观因素的影响。最后，高校学生管理应与高校自身资源相结合，特别要考虑硬件设施等方面的资源。只有符合适应性原则，高校学生管理结构才能有方向性、有目的性地组织开展各项活动。

（三）高效性原则

实现管理的高效性是高校学生管理工作追求的目标。组织管理结构中的每一个职能部门和个体都应当充分发挥其自身的能力，而所有的职能部门和所有的个体之间要相互协调、相互补充，达到事半功倍的效果。高效性原则还要注重各个层级中的职能部门要尽量简化，职能部门的功能要清晰，职能部门的人员要精简，保证渠道畅通、权责明晰，使高校学生管理模式高效运行。

第五节　新形势下高校学生管理工作的紧迫性

一、经济全球化的冲击与挑战

随着经济社会的快速发展，经济全球化的脚步在不断加快，西方发达国家先进的社会制度和新的价值观给我国带来了不同程度的影响。由于各个国家的历史文化的差异，新鲜有趣的事物总是可以让人们眼前一亮，并提高人们的积极性。如今的高校学生掌握的语言多样，涉猎的文化和信息多样，对新鲜的信息会有浓烈的兴趣。然而，接受教育程度的高低也决定了学生是否容易接受不同的文化。经济全球化虽然给高校学生带来了更加开阔的眼界，但高校学生也要更加谨慎地趋利避害。

在东方文化和西方文化的不断交流和碰撞中，许多西方社会的消极思想以及贪图享乐的不良作风也逐渐地渗透到我国社会中，对人们良好社会价值观的建立产生了很多不良的影响。在东西方不同价值观和不同理念相互碰撞的过程中，高校学生首当其冲地受到影响。高校学生处于即将步入社会的阶段，其世界观、人生观和价值观还有待重塑，很容易受到西方不良思想的影响，导致责任感缺失，放弃自己对社会的责任，甚至突破自身的道德底线，贪图享乐，注重金钱和利益。

由于目前对高校学生的理论指导不足，再加上如今的社会竞争日益激烈，高校学生的生存压力逐渐增大，使其逐渐地失去了对基本的善与恶、美与丑的判断，开始更加追求物质和金钱，追求奢华享受的生活，从而导致其价值观出现了失衡，政治观念也变得不坚定，这种过度膨胀的物质生活直接冲击着原有的社会道德规范，严重地污染了纯洁的社会风气。

此外，由于高校学生大多比较年轻，他们生长在改革开放的年代，因此自我感会相对强，这也会导致他们在价值观上产生一些错误的观点和理念。如今的高校学生面对的一个重要的课题是，他们其中有些人缺乏信仰和理想，甚至失去了对民族文化的自信和热爱。因此，国家、政府和高校都要对高校学生的价值取向做出正确的引导，使其树立积极向上的价值观。

二、社会转型期所带来的困惑

近年来，国家大力发展经济，市场经济的发展为高校的发展提供了机遇，为学校增强竞争意识、开拓创新精神和民主法制观念提供了良好的物质基础。但市场经济是一把双刃剑，它的驱动也给高校学生在社会道德方面带来了负面影响。

如今，随着时代的发展和社会的进步，经济浪潮涌进了高校，使高校学生的行为和思想受到影响，部分高校学生受到经济利益的诱惑，其价值观和道德理念都发生了变化，甚至做出有害国家和社会的行为。有些学生为了学业能够更快地得到进步，甚至盗取他人的劳动成果，使用虚假的证件和文凭进行学术造假，对社会风气造成了不良的影响。

三、信息化时代的网络文化价值观碰撞

如今处于计算机和网络都快速发展的时代，计算机和网络之间已经建立起了一个共同的数字化空间，人们的想象力在这个集体的空间内得到了迅速的提升。人们既享受到了快速发展的科学技术所带来的福利，也受到了计算机网络快速发展所带来的影响。现代技术使人类不再受时间空间的限制，信息的广泛传播与交流使其在全球范围内实现了共享，并且对人类的生活方式及思维模式，甚至对人类道德伦理观念的建立都产生了极大的影响，它在形式、渠道及方式上也呈现出多元化，这意味着传统生产方式、产业结构、社会观念以及人们的生活、学习、工作、交往、思维已经发生了改变。这些变化使我们看到了社会发展的进程。在信息化社会里，高校更是走到了前列，然而高校学生作为网络文化建设的主体，在计算机日益普及和网络技术突飞猛进的今天，网络文化对

高校学生的思想观念、价值取向、生活模式、思维方式以及想象力、创造力等产生着积极影响，但其消极作用同样不可忽视。

同时，网络文化中不同的价值观的相互渗透和冲突，使传统伦理道德很难避开网络而独立发展。高校学生大多懂得计算机知识和外语，对新鲜事物充满好奇心，但部分高校学生观察能力、分辨能力较低，若有些学生经常上网，乐此不疲，难免会受到不良信息的影响。高校学生若是没有社会道德的自我规范意识，就会受到西方国家的意识形态与文化的影响。另外，个人长时间接触计算机，也可能导致孤僻、冷漠、交往和合作退化等心理问题的出现。

四、高等教育大众化进程加快

高等教育大众化使接受高等教育的人数激增，越来越多的学生有机会接受高等教育，满足了其接受高等教育的要求。但是学生人数的激增，导致高校师资紧张、教学设施短缺、后勤服务及管理工作跟不上，从而诱发学生与教师、学生与学生、学生与后勤管理及教务管理等部门之间的矛盾。

另外，学生人数的激增也增加了高校学生工作管理的难度。从生源质量来看，相较于精英教育阶段，学生整体素质有所下降，个体差异较大，表现出自律性差、学习不主动等特征；从经济状况来看，在高等教育大众化阶段，有更多的学生来源于不同地区，学生之间的贫富差距加大；从家庭组成来看，更多的学生来自核心家庭。由于学生人数的剧增、素质状况的参差不齐，学生的学习、生活、活动方式以及学校的教学组织、宿舍管理等都发生了变化，高校学生管理的载体也相应地发生了新变化。

五、社会竞争压力不断增大

未来社会的竞争主要是人才的竞争。人才，不仅要具有较高的科学文化素养，还要有良好的思想政治素质。因此，培养人才是我国社会主义教育发展中必须解决的问题。大学生是国家宝贵的人才资源，是国家的希望，是祖国的未来。要使大学生成为中国特色社会主义事业的合格建设者和可靠接班人，不仅要大力提高大学生的科学文化素质，还要切实提高大学生的综合素质，尤其是思想政治素质。思想政治素质的提高主要是通过对大学生的管理来实现的。

六、当代大学生群体的独特性

大学生群体的独特性要求加强对大学生的管理。从大学生的心理特点来分析，大学生具有较强的自我意识和批判性思维，有对尊重和自我实现的强烈需求，他们的思维灵活，但心理发展还不成熟，在一些问题上容易产生偏执的思想。大学生对尊重的需要较强，且具有自我中心倾向，一定成功度上存在功利主义意识，在知识与实践上存在偏离，他们接触信息的渠道很多，有很强的选择和吸收信息的能力，但没有很强的判断能力。因此，如果大学生的思想、行为没有得到及时的监督和引导，大学生就很容易接受不良思想，这将产生严重的后果。

第二章 信息化思维下高校学生管理现状

信息时代的到来给高校学生管理工作带来便利的同时也带来了难题。针对目前我国高校学生管理信息化现状，提出必须进行学生管理信息化重构。信息化重构必须遵循五个原则，即上层设计原则、循序渐进原则、保密信息安全原则、信息交流通畅共享原则和开放包容原则。本章分为高校学生管理的现状与问题、高校学生管理信息化现状与重构两部分，其主要内容包括高校学生管理的现状、高校学生管理存在的问题及其原因分析、信息时代对信息化管理的要求等方面。

第一节 高校学生管理的现状与问题

一、高校学生管理的现状

（一）高校学生管理制度环境得到改善

高校学生管理工作要想有序、有质地顺利开展，不仅需要师生间的情感交流，还需要对管理活动的有效治理。"治理在位"是新时代大学生管理工作科学化的指向。

随着"全面依法治国"的提出，我国社会各领域的法律法规及制度体系日趋完善，教育管理系统的相关法律、法规也日渐完善。《中共教育部党组关于教育系统学习贯彻党的十九届四中全会精神的通知》也强调必须"提高运用法治思维和法治方式抓治理的能力。全面推进教育法治建设，切实增强广大干部师生尊法学法守法用法意识。加快推进教育立法，增加制度供给，研究制定学前教育法，推动修订教育法、职业教育法、教师法、学位条例。加强教育行政执法工作，健全依法行政机制，完善教育制度实施体系。全面推进依法治校，完善学校法人治理结构，提升学校内部治理水平。加强青少年宪法法治教育，提高教育系统普法水平"。

目前，从国家到地方政府再到各高校与大学生有关的法规制度都较完善。国家层面的有《宪法》《中华人民共和国高等教育法》《中华人民共和国教师法》《普通高等学校辅导员队伍建设规定》《普通高等学校学生管理规定》《高等学校章程制定暂行办法》《高等学校档案管理办法》《本专科生国家奖学金评审办法》《学生伤害事故处理办法》《中华人民共和国学位条例》《国家级大学生创新创业训练计划管理办法》《高等学校勤工助学管理办法》等。地方政府层面除了认真贯彻执行国家规定的法律法规，还会根据各地方实际情况，制定与大学生相关的规章制度。

综上可以看出，目前关于高校学生管理的制度涉及对教师及辅导员的行为规范、大学生行为准则、课堂纪律管理、学位授予管理、宿舍管理、奖助贷管理等方面，为高校学生管理工作提供了较完善的法律法规依据，保障高校学生管理工作的顺利开展，同时也为高校学生管理伦理的建设构建起良好的制度环境。

（二）高校学生管理安全环境趋于稳定

随着高校学生管理安全环境建设的不断深入，全国高校在安全教育、安全管理、稳定维护、责任落实等方面取得了显著成效，为高校学生管理的建设营造了良好稳定的安全环境。一方面，各高校需要层层签订各项维护校园安全稳定及反恐工作责任书，让各高校明确在办学中所应承担的安全稳定工作职责；另一方面，高校要注重安全教育，增强学生的防范意识，如"新生入学教育""校园贷教育""安全用电教育"等。此外，各高校还要注重学生的心理健康教育，关注特殊困难学生，如在家庭经济、就业、学业等方面存在困难的学生，以维护校园稳定。

综上可以看出，目前高校在制度建设、防控体系建设、安全教育及心理健康教育等方面多管齐下，确保校园安全稳定，确保高校学生管理建设各项工作的顺利开展，使高校学生管理的安全环境趋于稳定。

（三）高校学生管理人文环境更加优越

学生在学校的成长、成才离不开学校的制度约束和教师的传道授业，更离不开学校文化力量的熏陶和制约。习近平强调，要更加重视文化教育，广泛开展文明校园建设，开展多样化、健康、优雅的校园文化活动，广泛开展各种社会实践活动。

二、高校学生管理存在的问题

（一）学生层面的问题

1. 学生素质参差不齐

对学校而言，学生的综合素质将会直接影响学校的管理情况。新校区的建立，意味着学校要加大招生的力度，这就会造成校园中学生素质出现较大的差异。学生在年纪较小的阶段是价值观念的养成阶段，但是到了高校的学习阶段，学生的价值观念和整体素质已经形成，整体的素质和观念较难再发生改变，因此高校学生的整体素质较难进行调整。

另外，高校学生的家庭背景较为复杂，存在着一定的贫富差距，同时学生的人生追求也存在较大的差别，所以日常的言语行为明显不同。也正是这些难以改变的差异，加深了学生之间的矛盾，很多学生如果不能正确地看待这种差异，就会产生一系列恶劣的行为，对其他学生造成不好的影响，使学生对高校的生活产生反感。随着时代的高速发展，校园中的矛盾逐渐凸显，使用传统的管理方法已经不能解决这些问题，因此，学校应当积极地进行教育管理的转型，找到更好的管理措施，建立完善的管理制度，还学生一个舒适美好的校园环境，让学生在高校生活中充实自己、完善自己。

2. 学生自我管理能力较差

高校学生管理工作中，一方面需要高校教师的参与以及软硬件设施的配套，另一方面也需要学生自己积极主动地参与，通过自我管理，提高解决问题的能力，推动学生管理工作的开展。但是，目前高校学生自我管理的能力、氛围都相对较差，对高校学生来说，由于新一代年轻人更加强调个性发展，进入大学后，学习环境相对轻松，导致自我管理意识进一步降低，而且在学生管理工作中，需要处理更多的人际关系，学生参与管理工作的积极性相对不高。

同时，高校对学生管理的引导也不足，在日常管理中，重结果轻过程，导致学生自我管理意识不足。由于资金等问题的限制，对参与学生管理工作的学生也没有进行正确的激励，进一步导致了学生参与管理的积极性减弱。事实上，学生自我管理是学生管理十分重要的一环，学校对此要高度重视。

（二）管理层面的问题

1. 成绩管理存在问题

（1）课程名称、开课部门不能规范统一

各二级分院在制定人才培养方案时对课程方案中的课程名称、开课部门、学分等模块的规定不够合理规范。

在实际工作中，有的学生对同一门课程重修多次，由于课程名称和课程代码不同，需要学籍管理员进一步甄别和确认到底重修的是哪一学期的课程，增加了学籍管理员不少的额外工作量，以上问题给成绩管理员在毕业生成绩审核、临毕业前的补考考试安排等方面造成诸多困难。

（2）成绩录入时存在的问题

学期期末考试结束后，学校会留一周时间让任课教师进行阅卷和录入成绩，在做这部分工作时会出现以下两个问题：①任课教师在规定的时间内没有完成阅卷任务，更没有按时将成绩录入系统，这就造成学生等成绩时间较长，造成学生无法及时查到自己的考试成绩，不知道是否需要参加补考，引起学生的心理波动，产生一定的影响，另外，补录成绩时也给学籍管理教师和教务处增加了工作量，延长了工作周期。②部分教师在录入成绩时，不认真、不负责，导致成绩漏登、错登、差行登，对无考卷的学生和遇到没有名字的试卷，不究其原因，只凭猜测给学生录成"缺考"或者"空"。

（3）缓考、缺考、舞弊的问题

缓考学生应在考试前七个工作日内向所在分院申请办理缓考手续，缓考申请表一式两联，辅导员（班主任）、学籍管理员（院办）、教务处签字（盖章）后一联交教务处一联院办留存，任课教师没有经手这一环节，就对办理了缓考手续的学生不清楚，录入成绩时对办理了缓考手续的学生成绩备注成"缺考"或"空"，造成这些课程的成绩在成绩单上显示错误或不显示，直接影响学生下学期的补考。对于缺考、舞弊的考生，在考试时由监考教师直接填在"考场记录单"中，将其一并放在试卷袋中，教师在成绩录入时直接参考。任课教师不严格按照"考场记录单"评阅试卷，往往会出现考生缺考、舞弊却有考试成绩的情况。

（4）成绩缺失造成的成绩问题

主要针对毕业生，有一部分毕业生经过正考、补考、重修这三个阶段，最后临毕业核对成绩时发现个别成绩缺失，甚至出现整个学期成绩缺失的情况。造成学生成绩缺失的原因有很多种：①学籍系统软件用的是 32 位管理系统，学籍系统软件过于陈旧，数据库数据量大，数据导入过程中，一些不规范的数据无法被导入系统，或由于操作的失误、计算机死机、停电等不可抗拒因素，造成数据的丢失。再者，不认真的教师在录入学生成绩时，将缺考考生的成绩录入空白，就会造成该生这门成绩缺失，使该课程在成绩单上无法显示出来。

（5）学籍异动造成的成绩问题

近几年来，高校的扩招，致使生源质量下滑、高考分数线越来越低，学生在学习过程中，出现基础差、课程难的现象，挂科越来越多，需要重修课程，由此带来的学生学籍异动问题占每学年学籍处理的比重越来越大。高校教务系统尚无法灵活应对学籍异动造成的成绩变动，学生休、复、转等学籍异动情况，课程情况无法随之发生变化。另外，留级、复学或转专业的学生的成绩较为混乱，系统无法灵活识别，因此在做学籍处理、毕业生成绩审核时，要采用人工办法对这些学生的情况进行处理。

2.学生档案管理存在问题

（1）纸质档案收集不足

传统的纸质档案只是记录学生在校的考试成绩、奖惩情况等。这些资料在一定程度上可以反映学生在学校一段时间的表现，但是只有这些资料也无法充分说明学生的综合素质及能力情况，这就要求学校必须拓宽归档范围。部分学校会在学生档案原有信息的基础上，增加学生的心理档案、诚信档案及实践记录档案等，帮助学校和社会对学生进行全面了解。

因此，档案的数据量会迅速增长，并且部分学校档案管理部门进行学生资料统计的时间周期过长，致使不能及时准确地掌握学生的基本情况，这将影响各项档案管理工作的开展。传统的纸质档案已经不能满足档案管理的需求，但是因为部分学校受资金和办学条件的限制，档案信息化管理水平较低，在一定程度上限制了档案管理的发展。

（2）缺乏有效的管理理念

在高校学生的档案管理工作中，部分高校仍沿用传统的档案管理理念，档案管理工作人员缺乏全局性思维和服务性思维，使学生档案管理工作一直被忽视。档案管理工作人员的主动性不强、严谨性不够，档案管理工作人员对具体而繁杂的资料收藏与整理工作缺乏耐心，从而导致学生的档案资料在建档、归档、检索及使用的过程中出现信息错误、资料不齐全和更新不及时等种种问题。甚至部分档案管理工作人员还片面地认为，学生档案管理工作就是对学生信息的简单收集、分类、归档和储存，管理思维仍旧停留在被动管理的层面，缺乏充分有效的利用档案资源开展对高校学生更有针对性的管理服务的工作理念，造成了学生档案信息资源未能发挥作用的状况。

（3）学生对档案的认知较少

学生对档案的重要性认知不足，对档案漠不关心，甚至毕业几年后将档案仍然放在学校，或者放在家里，这样档案很容易丢失或损坏，进而对其参加工作产生诸多不利影响，使学生面临诸多麻烦。

（4）学生档案管理制度不健全

目前，很多高校都对学生档案管理工作越来越重视，建立了相应的学生档案管理制度。但是一些高校认为学生档案管理工作与学校自身发展关系不大，对学生档案管理工作不重视，缺少相应的档案管理制度，虽建立了一些制度，但也不健全，主管学生档案管理工作的各二级学院对学生档案的管理内容、管理标准缺乏统一认识，在立档、归档方面不统一。

在实际工作中，由于档案管理工作不受重视，针对工作人员也没有一套监管机制，致使学生档案管理工作变得可有可无，工作人员没有积极性，对档案材料的收集、整理、归档不及时，有时甚至造成一些重要档案资料的缺失；档案资料整理混乱，造成学生毕业办理档案移交时出现提档困难、档案资料缺失，一些资料还需要进行统一标准化修改。

（5）对学生档案管理工作不够重视

对于高校，主管学生工作的学校保卫处领导、各二级学院书记、辅导员以及学生档案管理工作人员都认为学生档案管理工作就是简单的保管工作，按学校要求将学生档案资料装进档案袋里，只要不丢失、不遗漏，学生毕业后能将档案顺利移交就行。他们没有真正认识到学生档案对于一个学生的重要性以及学生档案管理工作的真正价值。

学生档案管理工作人员一般由辅导员兼任，辅导员一般管理 2～3 个班，学生日常管理工作已经很烦琐，辅导员在学生档案管理方面的经验不足，有时学生的一些档案资料由学生干部按照教师的吩咐完成，没有专人管理学生档案，难免会出现档案资料缺失或被装错的情况，降低了档案管理的质量，进而导致在管理工作方面做得不够完善。

3.对学生管理的文化性宣传不足

学生管理的最终目的是促进学生的成长，为学生的全面发展创造良好的环境。但是目前高校学生管理工作，对学生管理的文化性宣传不足，导致学生管理工作是就管理而管理的，学生对学生管理工作也存在一定的偏见。部分学生认为学生管理工作就是对学生的制约，对学校的管理制度和管理人员都存在一定的认知差异，认为这些是对他们的约束。学生管理者也在一定程度上以居高临下的态度进行管理，导致学生和管理者之间存在一定的冲突。

事实上，对学生管理工作的文化性进行宣传，有助于学生和管理者充分认识到学生管理的必要性，这是作为个体智能发展的一个重要的外部环境，无论是管理者还是被管理者，都应该共同努力，营造一个有利于学生成长、成才的良好环境。

4. 缺乏管理反馈与交流的管道

良好的师生关系有利于学生的管理。高校各项教育的顺利进行离不开师生关系的建设，而师生间的友好相处有利于提高教师的工作效率。不只是在高校，在中小学的教育中，师生关系的建立也是值得人们探讨的问题。与中小学教育相比较，高校更加注重学生的全方面发展，所以对于学生的课程选择在一定程度上给予了充分尊重，但是对教师来说，管理工作的难度就加大了。

高校的校园空间大，现在很多高校都建立了分校区，这就会造成学生居住场所和学习场所的分散，教师的宿舍和学生的宿舍不在同一片区域。学生和教师的交流机会不多，所以教师对学生的情况并不了解，这就加大了对学生的管理难度。教师和学生的交流仅限于课堂上的交流，但是因为每节课的时间有限，教师不能和每一个学生都沟通到位，所以教师对学生的关注度将会大打折扣。师生间的交流机会少，导致教师很难和学生交心，当学生出现问题或遇到困难时也不会向教师寻求帮助。在学校中，教师和校方扮演的是为学生排忧解难的角色，而学校通过教师来及时地了解学生的情况，当教师和学生之间的交流存在障碍时，学校就不能及时掌握学生的情况了。

5. 学校对学生管理工作的重视有待提高

在学校的众多教育工作中，对学生的管理工作是一个相当重要的环节。学校只有对学生开展良好的管理工作，才能保障学生日常学习活动的正常进行。然而，目前我国少数学校没有意识到管理工作与学生课堂教学开展之间的联系，导致学校并不重视对学生的管理工作，以致于对管理部门工作人员的应聘要求也低于其他工作部门的要求。然而，若学校一直不重视对学生的管理工作，则不但会直接影响学生的日常学习活动，而且学生的人身健康安全也会失去保障，为学校正常活动的开展埋下无穷的隐患。

6. 管理内容没有与时代发展的实际要求相适应

第一，当代的学生与过去的学生是存在着明显区别的，新时代的高校学生的性格特点更为鲜明，并且有着更为个性化的行为特征，而高校在对他们进行管理时并没有与时俱进地创新学生管理工作的具体内容，仍然沿用传统的管理模式和内容，这显然无法与新时代高校学生的真实需求相适应，在实际进行管理工作时就会出现更多的漏洞，无法实现学生身心健康的全面发展，同时增加了高校学生管理人员的实际工作量。

第二，在我国社会主义经济建设不断加速的进程中，高校学生的生源地更为广泛，一个寝室的学生可能来自四面八方，而他们又都有着各自的生活习惯和风俗民情，这种差异性也会加大管理工作的难度。如果管理制度和管理内容没有得到及时的完善，很多学生就会出现不适应的情况，那些心理承受能力不强的学生还会出现严重的心理负担。对不同地区及不同民族的学生来说，高校所实行的管理制度也并没有真正做到公平和公正，致使管理效果大大降低。

（三）制度层面的问题

1. 学生管理制度过于刚性

从我国大部分高校学生管理工作的实际情况来看，以往计划经济体制对高校的这一工作也是有重要影响的，受其影响，我国很多高校建立并推行的学生管理工作制度都是过于强硬的。制度的压迫感太强，在实际推行的过程中很容易让学生产生抵触情绪。在我国教育事业不断改革和发展的进程中，高校学生管理的工作模式已经得到了很大的改善和优化，但是所推行的一些管理措施刚性程度还太高，有着一定的针对性和计划性。

而对高校学生来说，他们只能被动地去服从各项管理制度和规范，提供给他们的质疑权和选择权是很少的，从表面上来看，这种制度规范对每一名学生来说都是公平、公正的，在实践中也能够取得良好的管理效果，但对学生的行为和思想产生很大的限制作用，长久之后学生就会形成一种惯性思维，在以后的学习和工作中面对那些规章制度时都只会选择服从，这对提升学生的想象力和创造力都会起到很大的阻碍作用。另外，一些学生因为抵触这些制度反而会主动采取那些违规行为，这样就加大了学生管理工作的难度。

2. 学校的管理制度有待改进

目前在我国，虽然大部分学校对学生的管理制度进行了相对完善的制度改革，但是还存在一部分学校的管理制度相对落后的情况。由于传统的管理模式对学生的影响是根深蒂固的，一些学校很难立即对自身的管理制度进行转变，所以就导致学校的管理制度相较于其他学校的管理制度落后一些。

另外，管理部门工作人员的职业能力不够，并不能向学校领导反映管理制度中所存在的一些落后因素，这就导致我国一部分高校并不能跟上时代发展的变化，进而对自身的学生管理制度进行改革。

3. 学生的评价制度有待完善

目前，高校学生管理工作依然存在着评价体系过于单一的问题，对学生的多元智能开发不足。学生管理者未能进一步明确自己的位置，往往以管理者的身份进行管理，对学生个性的挖掘不够，在进行学生综合评价时，往往依据单一的标准，这种单一的评价体系对学生管理工作起到不利的作用。因为智能是多元化的，不同的学生的智能表现形式是不同的，而过于单一的评价体系对学生智能的开发是不利的，这种不利反过来又影响对学生的管理。部分高校也采取了更为多元化的评价体系，但是这一体系没有充分考虑不同学生之间的差异，个别评价标准也不够科学。学生管理工作的一个重要任务就是开发学生的多元化智能，特别是开发学生课堂外的智能，引导学生正确地认识自己的潜力、挖掘自己的潜力，从而使学生在大学校园中实现全面发展。

三、高校学生管理存在问题的原因分析

（一）管理者对管理对象认识不足

19世纪90年代以来，很多大学生都是家里的独生子女，他们深受父母疼爱，家庭条件好，几乎没有吃过苦，导致自理能力差，心理承受能力弱，面对困难，容易产生自卑心理。因此，学生入校后就要独自学生和生活，加上学习压力大，深感学校环境生疏，难免形成自闭心理，从而形成孤僻的性格，不善于交流，需要教师的爱护和关心。

目前，高校在学生管理方面还是存在着一些问题，学生管理团队弱小，深入管理很难实现。目前，网络化不断发展，学生的思想很容易受到网络的影响。另外，网络会推广一些不良的消费思想，对学生的成长都是非常不利的，学生的人生价值观很容易出现问题，这就加重了学生管理工作的负担。同时，有些学生管理工作者不注意创新，工作方法落后，管理理念已经跟不上时代的发展，只是采用强制手段管理学生，学生难免会产生抵触情绪，致使学生的身心发展被忽略。此外，部分学生管理工作只是为了应付上级，采用耳提面命的管理方式，学生并不了解学校的相关政策，这样不利于对学生的管理。这样的形式主义对培养优秀的学生极为不利，不利于学生养成明辨是非的能力，更不利于学生养成自主分析问题的习惯。如果高校学生管理工作者能够改变思想、转变思维、

充分考虑学生的实际发展需求，坚持以学生为根本，那么良好的校园管理就可以实现。

（二）学生住宿社会化改革不全面

多数大学生在大学期间一般都会住校，宿舍位置、宿舍环境等直接关系到学生的身心发育。鉴于此，学校应重视宿舍的建设。宿舍区和教育区不可相隔太近，要保持一定距离，保证宿舍区的相对安静。要强调的是，宿舍和社会环境有所不同，宿舍主要是学生休息的地方，学生在宿舍所做的事情大同小异，养成的思想观念趋于一致，同宿舍的学生之间还能互相影响，有利于三观的塑造。高校学生的三观大多尚未完全定型，但对世界和生活有个人的想法，既存在被动学习的情况，也有主动的一面。学校教育环节直接关系到学生后续的发展，校园文化是影响学生心志及三观塑造的关键要素之一。若对住宿环境有所调整，则对应的教学效果也会发生变化。

从投资角度分析，建设学校宿舍有两种方式：一是结合学校的发展计划，将建设学校宿舍所需资金统筹进学校的成本支出中，由学校出资建设；二是吸引社会投资方投入资金。根据相关的计划做学校宿舍的招投标工作，鼓励和引导更多社会投资方入股，提供学校宿舍建设资金。学生住校需交钱，投资人是宿舍的管理一方。学校与投资方按照约定及相关合同对校舍收入进行分配，此种方式固然能减少学校的资金负担，可在学校宿舍管理中的话语权会大幅下降，难以对学生做到精细化管理。

（三）管理者对学生管理工作认识不足

如何做好高校的学生管理工作，就需要管理人员把动态管理理念作为工作重点，坚持动态管理理念是优化高校学生管理的必要条件。倘若高校管理人员对动态管理理念不重视，依然遵循旧的管理模式，就很难做好高校的学生管理工作。这样因循守旧的思想，不利于优化高校的学生管理工作。因高校的主校区已经存在很长时间了，而且发展过程中也积累了不少丰富的管理经验，故高校有一套比较适合自己的管理模式。然而，高校办学期间仍然面临着一些重要问题。例如，学生教育管理模式落后，学生的思想政治教育体系尚不完善，两者之间没有充分结合在一起。倘若高校管理思想落伍，只是埋头苦干，不汲取优秀学校的成功经验，对当前的社会发展形势认识不清，很多工作开展得也不到位，学校很容易进入封闭发展的时期。从其他角度上来讲，部分教师只注重上课，很少注意与学生之间的学术交流，造成师生关系淡化。所以，教师应重视与学生的交流，通过课间辅导或家访的形式推进与学生之间的交流，第一时间了解学生学习中存在的不足，从而使教学更具针对性，既提高了自身的教学水平，又提高了教学效率，从而更好地推进教书育人的理念。并且，在教师绩效考核中纳入师生关系考评，强化教师的教学责任。所以，高校应掌握动态管理理念，及时调整自身的学生管理工作，强调建设以学生为中心的高校管理模式。

第二节　高校学生管理信息化现状与重构

一、信息时代对信息化管理的要求

（一）信息数据的分析与利用

在信息化管理模式中，首先对各类数据开展收集、储存工作，在完成后系统会自动对数据进行分析与筛选，大大提升信息使用的科学性与决策性。传统的信息采集实施一对一的采集模式，也有事先进行纸质采集，然后整理登记的模式，但无论是何种方式，其依然会产生错误。

借助信息化技术进行数据采集与整理则完全可以让被采集人自己登录对应网站，自己登记信息，这种方式最直接的效果就是极大地降低了人力成本，使数据的错误率也进一步下降，甚至达到零出错率。此外，整理、分类及分析数据期间，必须确立对应的规则，减少不必要的人力成本和时间资源。

（二）信息数据的安全与便捷

信息数据关联着个人隐私。在信息化模式处理中，高校学生管理工作走向信息化可以实现个人信息终端输入，而不需要人工层层收集，避免收集错误的同时，又可以确保个人隐私不外泄、数据存储更安全、信息使用更便捷。

（三）信息数据的分享与融合

高校学生信息的多样性、复杂性，使学生管理工作的整个流程不能够由确定的某一部门独立完成。同时，多种途径汇聚起来的数据信息也不会储存在一个部门中，如学生的信息、教务、科研、生活等数据必定存在于不同科室中。这种局面的出现，就迫切需要各部门之间实现数据资源的共享，这将有利于信息畅通，并确保其时效性。目前一些高校已在日常事务中加入了信息化管理模式，但仍然需要强化信息数据的共享与融合，同时需要借助各部门的高效配合来实现。目前，高校信息在传送过程中会因系统而造成效率低

（四）注重信息人才的培养

高校在管理信息化运作过程中，不应该单纯地实施数据方面的统计工作，而应该加强对已有数据的整合与解析。信息化模式下的学生管理不是简单的对数据统计方式的变革，而是侧重于思维方式的转变与更新。这就需要高校内部管理层重视信息人才的培养，也需变革培养模式，开展系统的知识与必备技能的培训与考核，这对学校和社会都是极为有利的。

二、高校学生管理信息化的特点

（一）先进性

信息技术的发展促使学生管理工作也在不断完善，高校应依靠信息技术改革学生管理模式，实现对学生的全方位管理。在科技迅猛发展的背景下，学生频繁地接触互联网，不可避免地会受到新思想的影响，加强学生管理信息化建设，符合时代发展需求，具有一定的先进性。

（二）实时性

信息化的学生管理能够借助信息化系统整合与分析零碎的学生数据，实现对学生基本信息的实时把控，增强了学生管理工作的时效性。

（三）空间性

信息化平台的建立使学生和教师能够在不同空间内查询自己所需的各种信息，摆脱了空间的束缚，使学生管理工作更加方便、高效。

（四）多样性

在学生管理工作信息化背景下，教师可根据学生的兴趣和爱好，制定个性化、合理化、科学化的教育方案，促进学生的全面发展。此外，教师可以借助信息化技术综合分析学生课堂参与、课业完成等方面的数据，为学生提出行之有效的学习建议。学生在遇到难以解决的问题时，可以通过电子邮件、微信视频等方式与教师进行沟通。

（五）高效性

在学生管理工作中应用信息化平台，管理人员可以同时处理多个请求，这样不仅缩短了流程，还提高了效率。

三、高校学生管理信息化的作用

（一）有助于管理效率的提高

高校学生管理工作的信息化服务建设，有助于管理效率的进一步提高。开展学生管理信息化的服务建设工作，可使固有的教育、管理形式得到科学合理的改革与优化；这样使高校的日常学生管理工作，不再只依靠"跑腿""手写"等较为原始的方式落实，而是采用以信息技术为依托的管理方式，打破时间、空间对管理工作的限制，促使高校的学生管理工作的效率获得极大提升。例如，建立相应的学科成绩管理、选课管理、后勤服务等工作的信息程序，这样能够进一步提高高校内行政部门、辅导员及专业教师的整体工作效率；同时，利用信息化服务建设工作，能够对高校日常事务的判断、决策进行更为具体的要求；此外，通过对学生管理服务的信息化建设，可促使高校辅导员对现有的教育管理模式进行改进与创新，从而促进学生管理工作的高效化、智能化发展。

（二）有助于服务准确性的提高

信息化时代具备信息多的特点。在实际操作过程中，高校的信息管理相关部门要立足于学生的现实情况，执行数据收集并构建解析模式，让数据解析的结果不受外部因素的干扰，或者影响极小，从而让数据解析趋于科学。这样做的结果就是提升管理的效率与效果，使系统对数据的分类与剖析能力大幅度提高。最终适用于学生管理的框架构建起来，学生通过学校制定网站就能搜索出他们所需要的全面信息。

（三）有助于管理过程更为规范

过去，高校学生管理板块采用的是传统的数据统计与分析，失误率极高，就算每次失误率不高，在长期的累计下也会造成大的偏差。究其原因就是采用了落后的人力生硬操作，加之操作者假如是一个粗心且责任心不强的人，造成的偏差会更大。但引入信息化思维之后，高校学生的信息化管理变得异常轻松，首先是数据采集板块趋于规范与严谨，其次是数据解析更客观，最终确保了管理过程的规范性。

（四）有助于管理决策更具科学性

在传统数据管理框架下，数据在准确性、连贯度及整体性三方面都是不足的，进而引起数据解析不精准，最终决策缺乏全面而客观的效用。信息化根植于学生管理板块之后，借助数据解析结果来进行决策，这将一举打破依赖管理层的个人意愿进行决策。学生的信息管理完全以学生面临的现实状况为基础，依照数据的真实性得出结论，这样由数据得出的结论更具有准确性、科学性。

（五）有助于各部门间的信息传递

高校学生管理信息化的建设，能对各项信息、数据进行有效的整合，并在各个部门间实现对信息资源的共享。当前信息化管理已逐步成为高校教学、科研与办公的重要方式之一，虽然高校现阶段已拥有多种信息化的管理系统，如教务管理系统、学籍管理系统、教学信息系统，以及图书管理系统等。但高校在进行信息化建设时，各个管理系统间却相互独立，这导致校内各部门间的信息、数据，无法进行及时的传递与共享，特别是当一个院校存在多个校区时，不仅要考虑由区域限制造成的信息传输障碍，还应对网络不稳定等问题进行有效解决。学生管理信息化服务的构建，则能对各部门间的信息数据进行有效的整合，并以此为基础构建一个更加完善的高校信息管理平台，从而除了实现高校各部门间的信息协调传递，还能使整体信息系统更为完善。

四、高校教育管理信息化建设成效

（一）高校数字校园建设水平整体提升

截至 2020 年，中国有 580 所高校校园网主干宽带达到 2000Mbps，1000 多所高校依托专业教学资源库进行课堂教学，促进了教学模式的改变；运用云计算、物联网技术追踪教与学行为，通过大数据的深度挖掘，分析学生的学习动态，精准地评价教师的教学行为。

（二）高校校园管理系统服务效能提升

高校将信息技术与教育管理工作深度融合，集成校内教学、人事、科研、学生、财务等系统，实现统一门户、统一身份认证、统一数据平台、统一表单和统一流程，有效解决信息孤岛、数据传递不通畅等问题，提升了学校管理工作效能。借助信息化挖掘管理数据背后的信息，推进管理服务的精细化与人性化，形成了制度流程分管权利与事务、过程支持溯源、绩效可以量化评估的新颖机制。

（三）高校教育管理组织结构得到优化

信息化的高等教育工作，强调流程化的管控，通过信息化软硬件与技术对整个学校的各项工作内容进行监督和管理。这样不但能够发挥出其优势，而且能够较好地找出问题并给予处理。换而言之，高校的管控过程实质为信息的交互与管控过程，这同当下的高职教育系统密不可分。信息化产生了彼此牵连的复杂性的数据化网络系统，转变了之前的信息交互模式，其相应的组织结构也随之转型。

在高校内部，因为教育管控信息化发展等层面产生干扰，以往的精细化分工管控机构已然无法满足当下时代发展所需，有着承前启后意义的中层组织的价值被进一步抵消，这势必会导致作业流程被再次刷新及规整，对管理组织结构进行重组与优化，为现代高校的办学及发展搭建了相对系统性、规范性以及前沿的工作机制和与其相匹配的管控机构，提升了各个高校在教育管控方面的品质与效率。

（四）高校教育管理更加规范化制度化

过去在传统管理中，高校为了制定各种管理制度，会投入大量的时间、资金，具有代表性的有教师人事岗位管理制度、教学管理制度、教师教学考核制度、教师职称评定制度、财务管理制度、设备管理制度、教学质量管理制度等。

然而，在传统的管理方式下，这些制度的执行主要靠学校的管理者的自觉遵守和职能部门的监督，但是由于人为因素等，工作不能按照或者不能全部按照制度来执行，那么管理制度反而成了空谈。

高校管理信息化建设通过把信息资源归档加密，将高校管理规章内的各个要务详细处理机制的诉求以及程序性的决议录入管控数据系统内，就对管理的群体开展强制性的落实，依次有效规避潜在的人为影响，推动现代高校教育工作更为科学性及标准性的发展。

（五）高校教育管理工作效率大大提高

对于任何一所高校，了解其教学质量如何以及可持续发展前景的关键为校园中的各构成环节彼此的交互及协作情况。以往的人工处理模式、纸质文件交互形式需要投入大量的人力，且实际效率不高，教育管理信息系统与数据库的建立，大大提升了各组织之间的信息交互性，搜索查询、交流沟通更方便，工作配合更为流畅，通过信息技术，高校各部门管理人员及教师可以在任何时间及地点就目标数据完成检索与分析，对数据库里的信息资源进行充分利用，这也使各个部门的管控人员可以清晰地掌握自己的权利与义务，并及时公开任务，快速收集任务完成的反馈与结果，对全部数据与报告进行分析，总结并提出明智的决策，大大加快了工作的发布与完成速度，有效提升了管控质量与效率。另外，信息化进一步缩短了数据交互以及问题应对的整个周期，减少了文件的积压，减少了资金的占用等，从多个方面减少了时间成本和经费，增加了高校的办学效益。

（六）高校教育管理工作质量更有保障

一方面，信息化优化了高校的管理组织结构和工作流程，加大和提高了执行工作的力度和质量，提出了对信息公开透明的要求，这也就导致各个机构将职位的工作职责、具体内容、资金使用状况、考核成绩都公之于众，一旦任一环节出现问题，立刻追究具体责任，促使各成员自觉地、主观性地践行岗位工作，提升工作品质。

另一方面，信息化有助于更好地监控教育教学管理过程，对学校内外情况进行充分的了解和正确的判断，及时调整管理策略，做出正确的科学管理决策。高校教育管理信息化建设保存了全面系统的信息，管理者能从不同层次、不同角度进行全面的查询和综合，通过应用软件快速地分析和解释现象，基于信息计划以及决策系统等的辅助，确保相关决策活动等的科学水平，使高校高层管理者在决策时有更加丰富的依据。

高校管理信息化建设的快速发展，对形成高效完备的教育管理模式和体系有促进作用。目前，高校摒弃传统的管理模式，大力实行现代化、数据化管控，使以往工作形式中存在的滞后、效率不高等问题均得到了有效规避，逐步构建并完善高校管理体系，使高校管理工作更快速、便捷，从而形成科学、有效的高校管理信息化系统。

五、高校学生管理信息化建设问题

（一）信息共享性不充分

一些学校缺乏对信息建设的合理规划，造成各部门出现重复建设以及无法实现信息共享的现象。各部门的数据不能够及时地反馈，导致经常出现信息处理混乱的现象。例如，不同部门不能更好地沟通，导致信息不能够共享。此外，数据重复填报让工作很难顺利开展，使数据信息得不到及时处理，导致其实效性大大降低。

（二）学生的信息化管理水平低下

若要更好地落实学生的信息化管理工作，管理人员发挥着决定性作用。在学生信息化管理中，必须通过管理人员对其进行有效的实施，管理人员需要掌握其流程以及软、硬件的运用。这就需要学生管理人员不仅具备较高的管理能力和综合素质，还要充分掌握不同的信息技术。

根据实际情况可以看出，管理人员的信息化水平普遍低下，并缺乏管理意识，这让其工作效率很难提升。大部分管理人员只掌握一些文字操作以及报表处理的技巧，针对信息的采集、整理及发布等，依然运用的是人工处理办法，这让信息化的作用很难得到体现。此外，大部分情况下学生管理部门所引入的人员都缺乏专业性，他们不兼具信息技术和学生管理的能力，人员专业能力较弱，这让学生管理系统不能够被更好地利用。

（三）高校信息化建设发展不平衡

纵观全局，教育管理信息化建设是一个漫长的过程，前期投入大，后期见效慢，容易受到内外部因素的影响，难免会产生发展不平衡的问题。

首先，近年来，高校内部建设十分注重信息化基础设施的投入，经过多年的建设，已经初具规模。结合学者麦克斯所编写的相关文件以及我国颁布的有关院校建设的文件，其标准具体有：高效信息化基建达到世界领先水平，逐步丰腴的数字教学基础从强调建设转变为有效应用；基于信息数据技术进行校园的高度细化管控，并以此为基础推动"善教""乐学"类型的课堂建设。高校的信息化水平虽上了一个新台阶，但仍然存在一些问题。例如，部分院校重平台系统建设，轻数据挖掘与应用分析，教师缺乏信息操作激励机制；网络课程建设力度还不够，线上课程数据增长缓慢；专业信息技术人员不足，校园网络安全保障能力偏弱等。此外，在开展线上课程的院校中，中西部院校占了68.6%，从侧面反映了中西部院校教学平台与教学手段相对单一，教师信息化教学能力相对欠缺。

其次，在经济与科技快速发展的今天，大部分高校为了适应信息技术和多媒体技术的发展趋势，在教育管理中逐渐加强对信息化技术方面的实际运用。但是需注意的是，一些经济欠发达地区的学校，因经济困难、交通落后等客观条件而使当地高等教育的信息化建设受到限制，更无从谈起教育管理的信息化建设，无论是硬件还是软件，都达不到信息化建设的基本要求，难以深刻感悟到高等教育信息化等的便捷性。

最后，高校的领导管理层对教育管理信息化建设的重视态度和执行力度也导致了发展的不平衡。有些管理者的观念陈旧，一贯采用传统管理模式，轻视信息技术和多媒体技术这类新事物的发展，若无法精准地掌握其要求与本质，则必然会对管理者理解教育信息化建设的作用与意义产生不利影响，进而影响信息化资源的使用，影响学校自身的竞争力。

（四）信息化建设的管理机制不够完善

在信息化技术日益发展的环境下，高校教学管控更为便捷，但也正是在这样的大环境下，现代高校教学工作在创新等方面受到了一定的制约。高校各部门的管理是块状的信息化工作，没有形成整体性。车辆管理、图书馆管理、会计管控、固体资产管理、教务支持以及学生资料的管控、后勤管理、人员管理、安全管理等都是独立的分支，在此背景下想要实现资源与数据的共享是不可能的。此外，高校教育管理者对信息化资源的分配也不均衡，对教学管理重点主管部门分配的信息资源较多，对后勤、工会、安保等各组织匹配的资源并不多，校园内部大量的管理组织之间难以构建系统化的资源链体系，信息化管控更难以形成整体，信息化管理机制的不完善是目前亟须解决的问题。单一的管理主体、粗暴的管理方式、不完整的教学数据、不科学的教学管理机制等问题都使得教育管理不可能面面俱到。因此，现代高等教育管控应当树立多样性、多架构性等动态形式的相对系统性的管控机制。这也就需要更为多样化的主体引入更为前沿的理念及策略、健全规章体制等，保障教学管控朝着信息化更为全面与规范的方向发展。唯有就教学管控流程潜在的诸多因素完成信息化发展，多角度地搜集有关数据并开展分析，方能更好地推动高等教育前行。

（五）信息化建设措施保障体系不健全

信息化建设措施保障体系有待完善，相关的监管制度有待提高。在信息化资源配置上做不到因需而合理地采购，比如，采购前的调查不充分，采购清单与数量制定不合理，采购时对价格优惠更加关注，而没有对产品性能及质量给予高度重视，所以采购的产品合格率偏低；采购完之后，没有委派专门人员来完成安装监督工作，因为未有相关监管，致使难以从根本上规避其中隐藏的问题；安装工作完成之后，并未及时组织教师和学生使用软件，导致师生对软件并不适应和熟悉。各种沟通问题与不熟悉软件带来的问题是由不健全的措施保障体系造成的。

专门人员的缺乏致使软件运行过程中出现的问题得不到解决，使师生对新软件的适应性较弱，各部门之间尚未构建信息化网络，难以进行资源共享，导致难以形成真正意义上的相互制约及监督。监督机制的缺乏致使高校的教育管理信息化建设效果大打折扣，不但会造成资金的浪费、学校规章政策形同虚设，而且会造成信息化建设浮于表面，形同空谈。

高校教育管理信息化是一把双刃剑。在信息化时代潮流中，利用好这把剑，高校实现深化教育教学的改革，提高学校办学水平，升级必然指日可待。但是如果利用不好这把剑，不但不能发挥其作用与优势，而且会降低学校的运行效率与质量，从而影响学校的发展。

（六）教育者信息化意识增强但其能力参差不齐

施行教育管理信息化是非常重要也是必要的，有些高校管理层虽然已经意识到管理信息化是辅助性的工作，但是仍然愿意把资金投入改善和提高教学条件与科研水平中，在教育管理信息化培训方面的投资受到限制，信息化工作进展缓慢。

大数据时代，信息技术大大推动了教育教学理念和工作模式的转变，对学校的教育管理者及教学工作者的观念产生了冲击。人们对待将信息化技术应用于工作中的态度不同，导致人们掌握和使用信息化技术的能力也参差不齐。一方面，教育管理信息化给教育管理者提出了很大的挑战，信息化教育教学管理模式需要管理人员具有一定的信息技术和软件使用能力，有些管理者不具备专业化信息素养，无法在管理工作中有效地利用信息技术，不能有效地搜索、选择、分析、利用信息化管理系统内的教育教学信息资源，个别管理者甚至不会使用简单、基础的管理软件处理日常教育教学管理工作。另一方面，高校的一线教师对管理信息化的接受程度也影响信息化能力的培养。年轻教师对信息化管理模式的适应能力较强，能较快学习并掌握新信息系统的使用方法，但是并非所有教师都能积极配合信息化的新管理模式，年龄较大的一线教师对新生事物的接受程度较低，往往被动地学习新信息系统或使用新的信息化教学手段。数据库中缺乏这类教师的相关信息，其信息的不完备使信息系统的准确性大打折扣，不准确、不完全的信息会误导管理层做决策，从而影响学校的工作计划部署与发展方向。

（七）缺乏对学生管理信息化的充分认识

尽管各大高校十分重视学生管理信息化，可是依然受到传统思想的影响，高校管理者对其缺乏足够的重视，并出现对信息化管理理解有误的情况。例如，高校管理者认为学生管理部门实现计算机办公就是学生管理信息化。大部分管理人员缺乏管理信息化意识，态度不端正，更不能积极提升自身的信息技术水平，更多的工作人员对信息化表示怀疑且十分抵触，这让信息化管理的落实受到一定程度的影响。

另外，学生管理部门对管理信息化没有足够的重视，使各部门的信息化水平较难提升，各部门没有形成有效的联系以及未能实现资源共享，进而让学生管理信息化很难实现。

（八）学生管理信息化系统的开发不完善

现阶段，学生管理信息系统的开发并没有获得最佳的效果。

第一，各大高校对学生管理信息化建设缺乏清晰的目标，管理部门更没有对学生管理信息化进行长远的计划，致使学生管理信息化系统并不完善。当下，各部门之间缺乏联系，所运用的都是独立的学生管理系统，众多系统十分杂乱，在使用的过程中程序非常复杂。例如，学生要采用多个账号及密码登录各系统，让学生感到极大的不方便。

第二，各系统都是独立的，不能够实现资源共享以及数据交换。学生数据无法通用，造成学生信息在采集上经常出现重复，造成了人力及财力等负担。例如，教务系统和学生工作信息管理系统的数据无法实现共享，一些软件在开发过程中没有进行系统的规划，使系统的使用体验十分不理想，出现了速度过慢、不能升级、安全性不高等问题，使系统的应用价值大幅度降低。

（九）学生管理人员信息化专业知识不足

若实现学生管理信息化，就必须将人员配备齐全。目前，管理人员的能力高低不等，对于年轻人，其具有极强的接受能力，在软件应用上也十分娴熟；可一些年龄较大的人员，难以适应信息化，应用软件十分困难。在学生管理中运用大数据还需要专业人员，可是事实上在人员安排上并不合理，通常由学工人员代替，这对工作的效率造成一定影响，导致学生管理信息化很难展开。

六、高校学生管理信息化的重构

（一）革新信息化管理方法

在硬件与软件设备以及管理人员定期考核都强化的条件下，还要有科学的管理方法与之配套，让高校学生管理信息化的工作实现效率与效果的双提升。要做好高校学生管理信息化的工作必须在信息化思维的框架下，革新传统的管理方法，尤其要实现创新，让科学数据服务于学生，方便师生的生活，培养出全面发展的人才，从而为社会的发展助力。

（二）树立信息化平台建设理念

高校学生管理信息化建设要求每位师生都参与进来，让学生也有管理意识并乐于参与到信息化建设之中。学校各部门应该根据日常实践中遇到的现实困境，让师生共同参与讨论并给出合理建议，通力合作完成高校学生管理信息化工作。信息化资源必须实现师生共享，各部门间实现资源共享、相互配合，使信息化管理效益得以扩大。学校应确立信息化建设专项负责人，不仅负责日常的高校学生信息化管理方面的工作，还要善于协调，同时实时关注信息化管理的未来趋势，做好学生管理的"后台操作人"。

（三）加强信息化人才队伍建设

高校在教育部门的支持下，由学校的领导担任学校首席信息官，利用校内外信息网与资源库展开信息技术应用培训基地建设，借助示范项目的带动作用，进行信息化技术、互联网应用的能力培训，学习和掌握新工作技术及方法，培养与信息化息息相关的教育管理人员，以保证对教育管理信息化建设进程的平稳推进发挥重要作用。

将能够对管理信息化做出贡献的人组成小队，以保证信息化建设得以顺利进行；同时，学校需要进行一定的申报培训，通过这样的培训可以对研修主题进行相应的确定，选择教师选学、调研区域、校本研修等方式，将学科信息化教学视为整个教学信息化建设的核心，进而推动针对教师信息技术引用的相关培训活动的开展。教学是高等教育的重中之重，通过构建教学研修、培训系统，建设线上学习社区。尽管学习社区更加偏向虚拟化，但借助信息化手段，可以更好地创新，对组建优秀信息化教师队伍具有重要意义。

与此同时，对一些技术服务人员、管理人员的信息素质培训给予较高的重视，使得我们培养的人才不仅能够进行相应的技术服务，还在网络管理方面有相应的见解，从而极大地满足对于教育信息化技术保障体系建设的需求。

（四）建立信息化的学生管理系统

高校可在校园网络平台上结合学生的专业特色和发展特点，建立完善的教务管理系统。构建数据库是支持学生信息化管理系统正常运行的前提，高校学生管理工作者应重点考虑数据库的分类问题。管理系统根据主体不同设置为教学内容、教师管理、学生管理等模块。学生在学校的学习和生活情况都会如实地记录在学生管理系统中，每个学生都有自己的电子档案，便于教师客观地了解学生的整体情况，从而科学地制定管理计划。

（五）建立完善的高校信息化管理机制

高校为提高学生管理信息化的服务建设质量，需以校内的实际情况为基础，并对各方面因素进行详细、全面的分析，同时制定完善的高校信息化管理规范，借此对辅导员、相关工作人员及学生的行为进行有效规范。但这项管理规范的落实需长期的实践积累；这样才能对信息化管理建设中存在的不足进行有效的改善，才会更加高效地完成学生信息管理目标。

为保证信息化服务建设工作的安全性与稳定性，辅导员以及相关的管理人员、技术人员，应组建高素质的系统开发与维护团队，以便保证高校学生信息化服务，以及网络管理平台的质量；同时，高校必须保证信息化管理建设拥有充足的经费，这样才能保证信息化服务建设的稳定运行。

此外，为使学生管理的信息化服务系统在建设完成后，能充分发挥其自身的功能，应对学生管理的信息化规范制度进行有效的完善。做好学生的日常管理工作不仅需要对相关信息进行及时的传递，还需要对一些突发性的状况进行及时、有效的应对；同时，完善的信息管理制度还有助于对学生的实际状况进行掌握，为辅导员的管理工作提供了极大的便利。

（六）提高管理者与学生的信息素养

为了有效推进高校学生管理信息化服务的发展，必须对管理者的学生管理理念进行更新，使其真正认识到信息化服务的价值与作用，从而为整体的信息化建设提供长远、科学及切实可行的设计、规划方案。

首先，高校必须对相关管理者的信息化意识进行加强，并通过不同的途径、方式，进行信息化意识的渗透。这样才能进一步提升高校对信息化管理工作的重视程度，从而推进高校学生管理信息化建设工作的有效深入。例如，管理者应对学生管理工作中所涉及的学籍管理、教学管理、思想政治建设管理及就业管理等工作的信息进行必要的整合；同时，从高校信息管理的全局化角度出发，对管理信息化的服务建设进行合理的统筹，防止出现功能重复、无法兼容及资源浪费等问题。

其次，管理者应通过对信息管理建设工作的全面调查，对学生综合测评管理系统进行必要的优化设计，从而使其管理与评价功能得到优化。高校应面向学校的各层面，定期开展相关的信息知识、技能培训，借此使学校整体的信息化水平得到提升。例如，制定完善的信息化建设服务培养制度，并定期对信息化内容、知识进行普及，进而实现高校学生管理信息化建设的全面覆盖；同时，对学生进行信息化管理的培训，对其相关操作行为进行有效规范，借此使信息建设服务的稳定性、有效性得到维护。

最后，高校应积极引进信息管理专业人才，借此加强专业团队的有效建设。

随着高校学生人数的不断增加，以及学生管理方式的变化，信息化服务建设也需及时地调整与改进，以便更好地满足对学生工作的实际需求。

（七）教育管理与信息化建设协同形成合力

高校的发展壮大必须与时俱进，每一所高校管理信息化的建设过程，都与全国高校教育信息化的整体发展有着密切的关系，应该本着协同合作的原则，与其他高校、信息技术提供方，甚至与全社会一起共同建设，实现优势互补，必将促进全国高校教育信息化的跨越式发展。

1. 高校教育管理与信息化建设协同发展

高校教育管理信息化是一个整体。协同论强调，世界中不同系统的属性存在着一定的差异，这就意味着各系统之间都会存在或多或少的影响和联系，如果整个系统内部的每一个子系统都能够井井有条地产生有规则的合作和影响，那么系统的整体功能能够被最大限度地发掘；但是当子系统处于混乱的结构情况下，系统的整体功能会遭受到非常严重的破坏。

高校教育管理包括很多不可或缺的组成部分，如安全保障、师资队伍、基础设施、质量监控、管理机构、保障机制等，每一个组成部分的运作都对高校教育管理信息化建设产生影响。反之，高校教育管理信息化建设也对每一个组成部分科学的、可持续性的发展都起着至关重要的作用。对此，一定要将高校教育管理各组成要素予以全面的整合，并进行合理的优化，结合信息化建设协调有序运作及发展，使高校教育管理系统的功能得到最大化的发挥。

2. 高校与信息技术提供方协同合作

信息技术走入高校是大势所趋，势不可当。高校与社会上的一些互联网企业联手搭建教育管理数字化信息平台。现在的问题是高校对技术具体应用和操作力不从心，而互联网企业在高等教育内容选取上功力不足。

因此，在高校教育管理信息化建设中，在软硬件平台构建的过程中，同样需要与信息技术提供方、互联网企业之间建立好相互沟通机制，为教育管理信息化、人才培养奠定坚实基础。信息技术提供方按照高校教育管理信息化建设规划，与学校配合构建科学化的信息中心，能够集教育资源、网络管理、培训过程、教育信息、远程教育等不同资源于一体并成为各自的中心，使其功能得以最大发挥。之后，依据当地实情构建信息中心，尽最大的力量实现与学校教育资源的共享和交融，成为教育资源交流的重要桥梁和纽带。

另外，高校与信息技术厂方也要协同合作，把握好教育信息化的方向，制定符合信息化特点的操作标准和应用规范，把信息技术加入教学应用中，更好地为师生服务，为学校教育提供现代化的线上与线下教学相结合的模式，实现教学方法改革，实现高校育人模式的实质转变。

3. 不同类别高校间的协同发展

高校在地域、性质、专业设置、人才培养目标等方面各有不同，因此各高校教育管理信息化的建设情况也不一样。例如，高校有综合、经济贸易、农林业、医学卫生、城市交通、信息技术、临床护理、药物食品等类型。由于不同类别的高校有着不同的办学特点，高校的优势也不尽相同，进而在构建教育管理信息化系统的同时，也应该就不同高校的不同特点进行着重考量，在侧重点建设方面必将获得突出的成果。如何做到互相学习和实现交流建设的成果是信息化建设中后期的一个重点工作。

高校通过协同建设，共享信息资源与建设成果，约定合作及交流的时间，以此更好地实现不同高校教育管理信息化建设的协调及系统化的运作和发展。特别是在教学信息资源层面，诸多高校设置专业时会有雷同，进而选择一部分名师和专家所在高校，着重构建专业具有相对特色的、精品的、具有推广性的信息化资源，并将信息化资源通过教育管理软件平台设置开放共享，这样不但能够从中减少高校资源重复建设的现象发生，而且能够避免浪费，起到节省人力、物力的作用。

第三章　高校学生管理工作的机遇与挑战

随着科学技术的迅速发展，经济水平的不断提高以及高校教育改革的不断深入，我国高校学生管理工作面临着多方面，如信息技术、大数据、学分制模式的实施等带来的机遇与挑战。基于此，本章通过对高校学生管理工作的机遇与挑战进行分析，以期为高校学生管理工作的开展提供借鉴。本章主要分为高校管理工作的历史沿革、高校学生管理工作的新机遇、高校学生管理工作的新挑战三部分，其主要内容包括新中国成立后大学生管理的几个阶段、信息技术为高校学生管理带来的机遇以及信息技术迅速发展的挑战等方面。

第一节　高校学生管理工作的历史沿革

一、我国古代大学生管理

（一）萌芽阶段——先秦时期

我国最早的学校产生于奴隶社会，是奴隶主阶级为了维护统治地位、培养本阶级子弟的主要场所。随着奴隶社会经济发展的需要，对学校教育的要求越来越高，高等教育便从一般的学校教育中分化出来，产生了高等学校。我国高等教育的产生有史可稽的当推周朝大学。据《礼记·王制》所载："大学在郊，天子曰辟雍，诸侯曰泮宫。"通俗地讲，"辟雍"是周天子设立的大学，"泮宫"是周代诸侯的学宫，都是统治阶级办的学校，是"官学"，主要教授"礼""乐""射""御""书""数"等。春秋战国时期，礼崩乐坏，官学没落，私学兴起，出现了以孔子为代表的取人讲学，形成了"百家争鸣"的教育繁荣景象，具有高等教育的性质。孔子的"弟子三千"也成为我国最早的高等教育学生群体代表。

（二）发展阶段——秦至唐代

秦始皇统一六国，建立了中国历史上第一个封建制国家，推行中央高度集权的专制制度，对我国两千年的封建社会发展产生了深远的影响。汉代"罢黜百家，独尊儒术"，成立太学，这是我国历史上最早的正式大学。教学内容为传授儒家经学；教学形式以大班上课为主，随着学生人数的增加，出现了以高年级学生教低年级学生的教学形式创新。汉代产生了最早的关于高等学校教育管理系统论著，全面阐述了大学教育的目的、内容、方法、原则等，代表了儒家高等教育的理念。

魏晋南北朝时期，社会动荡，政权割据，官学时废时兴。西晋时期于太学之外设立国子学。隋初设立国子寺，这是我国历史上最早的高等教育管理部门，下设国子学、太学、四门学、书学、算学，形成了早期的教育分科。隋炀帝时期，国子寺改为国子监，并一直延至后世。唐代国子监除以上五学外，还包括律学。唐代建立了完备的学校管理制度，对各类学校学生的招生对象、教育内容都有详细的规定。在考试制度方面，隋朝设立科举制度，到唐朝得以完备，一直延续至清末。科举制度的产生标志着我国古代取士主要由选举产生转为主要由科举考试产生。

（三）繁荣阶段——宋至明代

宋代范仲淹兴学，王安石变法，蔡京主持教育改革，推动了官学的繁荣发展，其中最为突出的是书院的发展。书院是一种新型的高等学校，源于先秦时期的私人讲学传统，唐末五代时就已产生，宋代发展兴盛，最著名的当属南宋朱熹复建的白鹿洞书院。书院的讲学内容除儒家经典外，还讲求义理实用，教师多为当时的学术大儒，生源构成包括社会不同的阶层，打破了传统官学的限制。书院强调学生自学，倡导师生论辩。

明代国子监兼具国家教育管理机构和最高学府的双重性质，有南、北两所，规模都很大。明代以程朱理学为正统思想，对高等学校的管理极为严格，禁止学生开展群体活动。在这种封建专制思想与严苛的教育管理制度下，高等教育逐渐走向衰败。

（四）没落阶段——清代

清承明制，设立国子监，教学内容仍以儒家经典"四书""五经"为主。清初统治者为了维护统治地位，防止书院自由讲学之风引发反清复明运动，严格控制书院的发展，将书院的教学内容、教学形式逐步向官学转化。同时大兴文字狱，推动"八股取士"制度以禁锢读书人的思想。封建政权越到没落之时，对教育的管理越加专制化，人民的批判与反抗也愈加激烈，出现了早期的民主思想。19世纪中期，西方列强用鸦片与炮弹打开了古老中国的大门，西学东渐，清政府为了保住摇摇欲坠的王朝，学习西方技术，创办新式学校，中国古代高等学校的发展由此走向终点。

二、我国近代大学生管理

（一）肇始阶段（鸦片战争至清末）

鸦片战争爆发后，中国逐步沦为半殖民地半封建社会。清政府腐败无能，只求自保，与西方列强签订了一系列丧权辱国的不平等条约，人民生活在水深火热之中。为了挽救清政府的统治危机，封建统治集团中的一些成员如曾国藩、李鸿章等发起洋务运动，学习西方的武器装备与技术，其根本目的是维护政权稳定。为了培养懂得西方先进技术的专业人才，洋务派兴建新式学堂，其中最早的当属创建于1862年的京师同文馆，这是中国近代第一所"新型"高等专科学校，是中国封建传统教育模式向近代新式教育转型的标志。京师同文馆原以培养翻译人才为主，后扩增学科，包括算学、化学、物理等学科。京师同文馆后于1902年并入京师大学堂。同时兴办的洋务学堂还有学习外国语的上海广方言馆、广州同文馆等，学习军事技术的福建船政学堂等，学习军事的天津水师学堂等。1895年，时任天津海关道的盛宣怀创设的天津中西学堂，被认为是近代中国新式大学的雏形。

1898年，康有为、梁启超、谭嗣同等发动了维新运动，改革旧制，主张变法，得到光绪帝的支持。维新运动在教育方面的重要举措便是创建京师大学堂。京师大学堂不仅是全国最高学府，还是全国最高教育行政管理机关，大有取代国子监之势。1905年国子监被正式废止，可以说京师大学堂是继承国子监的发展而来的，是中国近代第一所国立综合性大学。京师大学堂筹建之初，以"中学为体，西学为用"为办学宗旨，引入西方大学制度，包括系科设置方式、教学方法等，开设经学、法政学、文学、医学等8科，学生主要来源于翰林院编修等官员子弟，以及各省中学堂毕业生。创办初期，京师大学堂学生也得参加科举考试才能获得功名。因此，每到考期，学生便请假赴考。在学生管理方面，京师大学堂制定了严格的《京师大学堂规条》《京师大学堂禁约》，以规范学生的言巧举止。除京师大学堂为国立大学外，各省按照清政府要求将省内书院均改设为大学堂，设为省立大学。

清末高校以培养行政官吏为目标,对学生管理严格,尽管出现了新式大学,但管理理念仍以封建的专制思想为主,严禁学生"结党营私",反对组建学生组织。这一阶段的学生组织主要是一些学生私下的"同乡会"等,但这些学生组织并没有规范的组织目标与组织结构。值得一提的是,1903 年,京师大学堂学生投身到反抗沙皇俄国的爱国主义运动中,护卫国家主权,这是我国近代最早的大学生爱国运动。学生们效法古代大学生"伏阙上书",并联合湖北、上海、安徽等地大学堂,停课集会,在全国引起了强烈的反响。安徽大学堂学生集会后,还组织了"安徽爱国会",共同抵御外敌侵略。这是近代大学生自发形成的较早的学生组织,具有抵御外敌的共同组织目标,具有进步意义。

(二)发展阶段(民国初期至抗战前期)

1912 年 1 月 1 日,孙中山在南京建立中华民国临时政府,委任蔡元培为中华民国第一任教育总长,着手进行教育改革。中华民国政府制定并完善了高等教育制度,大学明确"以教授高深学术、养成硕学闳才、应国家需要"为教育宗旨,主要是培养思想、道德、学识先进的"新青年"。1912 年,京师大学堂改名为北京大学校。1916 年 12 月,蔡元培担任北京大学校长,他秉承"思想自由,兼容并包"的原则,倡导学术自由、教授治校,一扫守旧、陈腐之风。蔡元培邀请新文化运动倡导者陈独秀担任北京大学(简称北大)文科学长,又相继聘请胡适、李大钊、鲁迅等一大批新派人物来校执教,使北大校园充斥着浓郁的思想自由、学术自由之风。

蔡元培高度重视学生组织建设,为改变当时北大缺乏学生组织的状况,他亲自参与组织各类师生社团,丰富学生课余生活。蔡元培认为学生组织活动能够培育学生活泼向上的精神,有助于学生的学习。在蔡元培的鼓励与推进下,当时,北大成立的各种社团有 27 个,如蔡元培亲自担任会长的新闻研究会及"进德会"、李大钊发起的少年中国学会等,这些都是中国近代大学早期出现的学生社团,已经具备较为规范的组织章程与组织管理制度。1920 年 10 月,北京共产主义小组于北大成立,第一批成员绝大多数是北大师生,他们以"北京大学马克思学说研究会"为阵地,学习、研究、宣传马克思主义。小组指导者为我国第一个接受和高举马克思主义旗帜的先进分子李大钊。1920 年 11 月,北京地区的社会主义青年团也在北大成立了。

同时期较为突出的高等学校是 1911 年开办的清华学堂,于 1912 年改名为清华学校,1928 年正式更名为国立清华大学。清华大学是用美国退还庚子赔款经费建立起来的大学,原为赴美留学预备学校,早期学校为了使学生能够适应美国大学学习生活，课程以美国文化为主，重视英文教学，学校也有不少美籍教师。

因此，清华大学的校风受到美国大学校园风气影响较大，学生社团活动丰富多彩，有音乐社、演讲社、科学研究社等。"清华学生会"于1919年正式成立，在组织学生爱国政治运动、参与学校管理等方面扮演了重要的角色。1926年底，清华大学教师王达成与雷从敏、朱莽两名学生成立了第一个中共清华党支部。这一时期设立的大学还有明德大学、西北大学、南开大学、复旦大学等。

这一时期新文化运动广泛开展，全社会深入批判封建礼教，开展文学革命，要求民主自由；中国内忧外患，马克思列宁主义传入中国，中国共产党成立、发展，国内爱国主义运动此起彼伏。这一阶段高等学校在管理制度、师资力量、校区建设等方面都得到了全面的发展。

这一时期担任北京大学、清华大学等高校的校长、教师等大多具有国外留学经历，思想开明，关心学生发展，鼓励学生开展课余活动，指导成立各类学生组织。在学校的大力倡导下，各类学生组织蓬勃发展，包括学生会、学生社团、学生政治团体等多种形式。这些学生组织具有共同的组织目标，形成了一定的组织结构，建立了较为规范的组织章程，并体现出高度自治的管理特点。一些学生组织能够直接参与学校管理，甚至左右校长人选，体现出学生要求民主自治的诉求。同时，一些进步学生组织有目的、有计划地组织学生投身到"五四"运动、抗日救亡运动等轰轰烈烈的爱国运动中，充分发挥了近代高校学生组织联系学生、鼓动学生、指导学生的作用，展现了中国近代大学生炽热的爱国情怀与学生组织较强的管理能力、组织能力和政治力量。

（三）抗战阶段（抗日战争时期）

国立西南联合大学（简称西南联大）是一所与抗日战争相始终的大学，也是抗战期间最重要的一所大学。1937年7月7日卢沟桥事变爆发，日本全面侵华战争由此开始。卢沟桥事变后，当时北平的北京大学、清华大学和天津的南开大学迁到长沙，设立国立长沙临时大学；后南京失陷，长沙危急，又迁至昆明，更名为国立西南联合大学。从1938年在昆明建校算起，到1946年完成使命宣布结束，西南联大办学8年，注册人数超过8000人，开设课程1600余门，创造了高等教育史上的辉煌成就。西南联大培养了大批人才，从这里走出了两位诺贝尔奖获得者，8名中国"两弹一星"杰出专家等。

西南联大的学生组织有学生自治会、社团、暑期服务团等，学生组织的特点是结构完善、高度自治。西南联大学生自治会以促进学生自治、习练组织、协助学校当局共谋学校团体生活之健全为宗旨，制定了较为完备的章程，明确规定了自治会的选举、管理、经费、监察等事务。自治会组织结构完善，包括干事会、监察委员会、评议会三个部门，各部门分工明确、职权清晰。

西南联大的学生社团由学生自发成立。西南联大的学生社团有各种诗社、剧社、文艺社等，学校教师积极支持学生社团活动。例如，闻一多欣然担任"新诗社"的指导教师，朱自清、卞之琳、冯至等为诗社开设讲座、报告等。

西南联大学生高度自治的学生组织特点，一方面源于抗战前北京大学、清华大学等高校学术自由、学生自治的文化传统。执掌西南联大的梅贻琦承继蔡元培"兼容并包"的教育理念，倡导学术自由，主张"昔日之所谓新旧，今日之所谓左右，其在学校应均予以自由探讨之机会"，给学生组织以充分的发展空间。另一方面，抗战期间民族矛盾上升到第一位，广大师生爱国热情高涨，既然不能征战沙场，就把全部的热情与精力投入当下的学习和社团活动中，热切希望通过自身努力能够对抗战有所裨益。因此，学生的自我发展意识与自觉、自律意识得到最大限度的发展。

（四）中国共产党直接领导下的高等学校学生组织

中国共产党直接领导的高等学校主要有早期的湖南自修大学、上海大学、广州农民运动讲习所等，这些学校以培养革命干部为主要任务，广泛宣传马克思主义理论。其中，湖南自修大学由毛泽东等于1921年一手创办。它汲取古代书院学生自学为主、重视学术讨论的教育思想，结合古代书院与现代学校二者之长，采取以学生自修为主、教师教导为辅的教学方式。学校规定："凡无自修能力，对于所认定之学科不能尽心研究，无成绩之表示……不能自治，无向上之要求……随时令其退学。"这种方式，使学生变被动学习为主动学习，极大地增强了学生的自主学习能力。同时，学校指导学生成立各种学术研究会，加强学生间的学习讨论。这些研究会便是湖南自修大学主要的学生组织形式。湖南自修大学独特的教学形式、学习方式、学生管理模式极具创新性，是高等教育的全新改革尝试，对后期抗日军政大学，甚至是西南联大都有所影响。

中国共产党领导下的高等学校办学目标主要是培养革命干部，强调教育直接为政治、军事、经济服务。学生组织形式主要有学习研究会、党组织、团组织等，学生组织管理的最大特点是党管组织，并且倾向于军事化管理，纪律严明。这种学生组织管理模式契合战争时期的教育要求，为中国共产党培养了大批革命干部，为抗战胜利提供了人才资源，构筑了精神堡垒。

三、新中国成立后大学生管理的几个阶段

第一个阶段是完成社会主义改造的 8 年，即 1949～1957 年。在此期间，我国基本上完成了对高等学校的改造。此时学生管理有关政策主要内容有：全国高等学校一律废除国民党反动的训导制，确立中国共产党对学生的领导，建立政治工作机构；开设马克思列宁主义课程，对学生进行政治思想教育；规定基本学制，实施课题改革。

第二个阶段是 1957～1966 年开始全面建设社会主义时期。这一时期学生管理的特点：①全面贯彻党的教育方针；②加强学生思想政治教育，重视培养学生的独立工作能力，发挥学生的主动性；③加强具体管理制度和条例的调整。

第三个阶段是 1966～1976 年。在这一阶段，高等教育受到了严重的摧残。这十年也是高校学生管理较为混乱的十年。

第四个阶段是 1977 年至今的全面改革时期，1978 年中国共产党十一届三中全会以来，高等教育进行了一系列拨乱反正，逐步回到马克思列宁主义、毛泽东思想的轨道，沿着教育发展规律，在新的历史时期不断发展。这一时期高校学生管理的特点：①确立全面改革思想；②恢复建立各种规章制度；③改进学生管理工作的内容、形式和方法。

第二节　高校学生管理工作的新机遇

一、信息技术为高校学生管理工作带来的机遇

（一）便于师生间的沟通交流

在传统的教学中，高校教师只需要一本书、一张嘴、一支粉笔，就可以完成教学工作。但是长期采用这样的教学方式，会使许多学生感觉枯燥乏味，失去学习的兴趣。而高校教师应用现代信息技术，将文字、图形、动画、视频、声音等组合在一起，能刺激学生的多种感官，帮助学生较快、较好地掌握知识。同时，高校教师应用现代信息技术后，可以不受时间、地点的限制，随时随地与学生沟通交流，强化对学生的管理。

（二）促进学生参与管理

高校的学生管理工作有着很大的难度，因为学生是管理工作中最不可控的因素，一旦学生出现问题，就可能对学生管理造成严重的不良影响。但大学生

对信息技术十分熟悉，教师若能在学生管理工作中充分应用信息技术，则能够激发学生参与管理的积极性，有效提高学生管理的效率。

二、"互联网+"为高校学生管理工作带来的机遇

（一）丰富学生管理工作内容

高校可以通过充分利用互联网技术来提升管理工作的效率，并扩大管理工作的范围，最终加大管理力度，为教学工作保驾护航。基于此，教师可以通过互联网渠道搜集更为全面、广泛的有效管理信息，整合各领域的有效资料，将其融入日常管理当中。

除此之外，高校管理人员可以借助互联网上的各学习平台和网站获取与学生管理相关的资讯，将其整理和总结后融入实践管理中，并学习和借鉴其他院校有效管理措施，取其精华进而革新和优化本校学生管理方式。高校管理人员还应不断提升自己的职业素养和管理水准，提高管理工作的专业性和科学性。高校管理人员还可以在社交软件上创建院校微信群、QQ群及钉钉群，进而及时追踪学生的学习、生活状态，将学生遇到的问题进行归纳和总结，并将其融入管理工作中，吸引学生的关注，促进学生管理工作的顺利开展。

（二）增强师生间的情感交流

基于互联网有着共享性、传递性的特性，高校在开展学生管理工作时可以利用互联网技术来增强师生间的沟通交流，并拓宽沟通渠道。例如，学生可以利用钉钉软件在评论区写下自己在听讲、做题时遇到的问题和困惑，师生可以在评论区互动，教师为学生提供解题思路或指导性意见，从而帮助学生突破瓶颈，这也为管理者全面了解学生提供了有效途径。

除此之外，管理者还可以结合本校实际教学情况设计调查问卷，发放给各位学生，借此与学生进行交流沟通，了解学生的想法与需求，从而及时调整教学方案。院校学生管理层还应在了解学生的基础上，结合学生的学习现状和情感变化制定出科学、合理的学生管理条例，减少学生管理工作的任务量。

（三）提升学生管理工作效率

基于互联网有着实效性、自由性的特征，高校颁布管理条例、执行管理工作等相关信息的传递与接收速度直接影响着高校学生管理工作的开展。在互联网技术蓬勃发展的背景下，信息传递速度的提升为人们的工作和生活都带来了一定的影响，有助于高校转变传统的信息传递模式，并提升高校学生管理工作

的开展效率。基于此，院校管理层应积极接纳互联网背景下衍生的各种信息交流平台，顺应社会发展趋势，最大程度发挥互联网技术的有效性，高效完成学生管理工作。例如，高校管理人员可以通过微信群和 QQ 群等渠道来发布管理信息，借助新媒体快速传播的特性来提升学生管理工作效率。此外，高校管理人员还可以借助多媒体技术向学生播放与学生管理相关的视频、图片与音频，进而使得学生能够直观地学习规章制度与管理策略，进而有效提高学生管理效率。

三、大数据为高校学生管理工作带来的机遇

（一）提升工作效率，做到精准管理

将大数据引入学生管理工作中，可以让管理工作人员站在客观角度分析问题，利用大数据实现精准管理。学生管理涉及学校各职能部门，头绪烦琐，利用大数据可以分门别类，逐一对应建档，省去很多重复性工作，既减轻了主管教师的工作强度，也节省了管理工作人员的时间精力，有助于提升工作效率。将大数据引入学生管理，可以让管理工作人员及时发现管理中的漏洞或者问题，一旦发现可迅速调配资源，查漏补缺，保证工作有条不紊地进行，同时可以根据需要及时有所侧重地调整。将大数据引入学生管理工作中，管理教师就可以将学生的各类信息交叉互补，尽可能地避免以往工作中繁杂无序的现象出现，使学生管理工作日趋结构化、合理化。

（二）创新管理思维，升级管理水平

在高校学生管理工作中，管理工作人员要打破传统的固化思维模式，适应高校为社会培养人才的这一终极目标，时刻关注社会对学生的需求变化，实时关注数据资源库的更新拓展，以学生专业对应就业岗位，使高校教育资源与社会就业市场相匹配。在学生管理系统中，不断完善学生的信息要素，同时将社会岗位需求通过各种形式反馈给预就业学生，做到信息传达无疏漏，渠道畅通无阻塞。具体到学生管理层面，既有依托网络的综合性数据服务站及时更新，也有"以人为本"为学生服务的专业化体系支撑，为高校学生管理打下可持续发展的坚实基础。

将大数据引入学生管理工作中，不单纯是管理方式的改变，更重要的是管理理念的转变。要不断提升管理工作人员对大数据的重视程度，加强业务培训，使他们都能够熟练地运用计算机、网络，充分实现数据共享，掌握数据管理的精髓，为高校学生管理提供强有力的技术支撑。高校学生来自全国各地，原生

家庭、学生生源地教育水平等因素使学生千差万别，利用大数据管理可以让我们更有效地对学生实现差异化管理，在学生管理中贯彻"以学生为本"的理念，关注每一个学生的创意和想法，可以有效防止学生情绪失控导致校园极端事件的发生。学生只有心情顺畅，才能够自发地配合管理，积极参与到文明校园的建设中，有助于形成一个积极向上的价值引导氛围。

（三）加大信息宣传力度，培养学生信息化意识

高校管理工作主要面对的对象是学生，高校的学生管理工作人员不仅需要提升自身的信息化能力，还要大力培养学生的信息化意识，提高学生自身的网络信息水平，引导学生自觉地使用网络查阅资料、进行课程学习等，而不是让学生单纯地沉溺于网络游戏中，或者观看娱乐视频等，让学生能够使用信息化技术来提升自我。与此同时，高校学生管理工作人员不要忽略对学生开展网络安全教育的宣传、引导，而要定期为学生进行相关知识的宣讲培训，让学生可以在绿色环保的网络环境下快乐地学习和成长，使他们的知识和意识不断得到提升。

（四）利用大数据展开学生就业指导

很多高校的学生对自己以后的人生并没有一个清晰的规划，高校学生管理工作人员要学会利用大数据来对学生的学习、择业和就业展开指导，根据学生数据中反映出来的情况，帮助学生针对性地制定长远规划和短期目标，由此展开相对应的学习，使学生毕业后能找到自己能胜任的、合适的工作岗位。高校学生管理工作人员可以根据大数据对学生的专业能力、自身性格等特点进行分析，从而更加有针对性地指导学生就业，发挥自身优势，弥补自身不足。此外，还可以结合用人单位的需求给学生提供有用的就业信息，为社会和企业提供更多的优质大学毕业生。

四、新媒体为高校学生管理工作带来的机遇

（一）促进学生管理工作的突破和创新

首先，新媒体的出现，为高校学生管理手段带来了突破和创新，强化了高校对学生管理的全面性，在传统的教学管理模式的基础上，还可以积极地引进现代化的信息技术手段，建立互联网管理平台，彰显管理工作的时代性和针对性。

其次，高校对于新媒体教学管理手段的运用，可以增强其管理工作的灵活

性。在新媒体背景下，高校学生管理工作人员可以直接利用互联网等网络平台向学生直接发布其管理的规章制度和学校的信息内容，让学生第一时间阅读了解、接受掌握，将网络变成管理工作人员和学生之间的桥梁，进而实现理想化的管理，彰显管理的多样性。

（二）有效疏通了管理工作人员和学生间的互动渠道

对高校而言，新媒体的出现给高校学生管理工作带来了发展的契机和机遇，高校管理工作人员要合理地利用这一现代化优势，加强和学生之间的交流，拓宽管理工作的渠道，促使新媒体架起沟通的桥梁。在传统的管理模式下，管理工作人员对学生的信息掌握受一定客观条件的限制，很难实现高效的沟通，严重影响着高校学生管理工作的效率和质量。新媒体时代的到来则有效地打破了管理空间和时间上的壁垒，不仅实现了沟通的自由性，还提升了沟通的效率，使管理成效有很大的提高。

五、校企合作为高校学生管理工作带来的机遇

（一）打通学生的职业通道

在校企合作模式下，学校可以将企业发展和需求直接引入课程体系中，使学生充分掌握企业的实际发展情况，进而调整学习目标，制定出合理的学习计划。此外，学校还可以利用工学结合、顶岗实习、学徒制等模式，提升学生的技能，使其充分明确自身专业知识和相关操作流程。这样可以保证学生在学习过程中积累大量的实践经验和丰富的职业体验，在习得操作技能的同时，潜移默化地实现从学生到职业人的转变。

（二）可以强化教师专业技能

受传统教育的影响，很多教师都只注重理论知识的讲述，学生难以习得相应的操作经验和技能。学校与企业实现深度合作，正好能够弥补这一缺点，并给教师提供实操训练条件，进而给其丰富的教学内容带来一定便利。另外，在这一模式下，教师还可以重点掌握企业的真实管理模式及人员的实际情况，进而在相互交流当中更新自身的专业知识和实践经验，创新教学内容和方法。

第三节 高校学生管理工作的新挑战

一、信息技术为高校管理工作带来的挑战

（一）计算机信息技术管理水平较低

众多高校的计算机信息技术操作管理人员的职业技能还需加强，其在操作方面的不专业、不娴熟，导致信息技术没有发挥出全部能力，从而作用于高职院校学生的管理工作。这是目前我国众多高校计算机学生管理应用中出现最多的问题，因此计算机信息技术管理人员的业务能力还有待提高。

（二）计算机信息技术对信息收集不全

使用信息技术管理手段作用于学生管理，就需要做好大量的前期准备工作，对每名学生的基本信息进行实时录入，并且要做到准确无误。但是高校管理工作人员对此项工作的懈怠，导致针对学生信息的收集工作出现了不全面的问题，这对后续要开展的管理工作造成极大阻碍。

（三）计算机信息技术对网络资源运用得不到位

计算机信息技术并不是独立存在的一种技术，而是必须依附网络资源形成贯通收录。在高校的管理工作当中，需要适时借助网络上各种各样的信息资源和热点动态，并结合自身情况，开展相应的学生管理工作。但是现阶段，在实际的学生管理工作中，大部分高校都还没有意识到网络时代信息技术对学生管理工作的重要性，导致对其利用程度较低，常常致使网络资源出现大量闲置的状态，因此也说明高校对其应用合理性还尚待提高。

（四）计算机设备陈旧

要想切实地利用计算机技术辅助学生的管理工作，对其硬件设施的配备具有一定要求。因为现代众多资源存在内存较大的问题，陈旧计算机设备的处理器、运用空间等无法匹配现代的网络数据。计算机是信息技术的载体，也是其使用的基本前提。因此，计算机设备的质量问题及良好的性能会直接决定学生管理工作开展的真实效果。

二、"互联网＋"为高校学生管理工作带来的挑战

（一）多元、开放的互联网会促使学生产生不良思想观念

互联网本身就是一个开放化的生态系统，而"互联网＋"时代背景下最为显著的特征就是信息开放性、文化多元性，而处在这种互联网环境下，高校学生既能够获得便利，也会受网络上不良思想与价值观的影响，从而加大了高校学生管理的难度。首先，在丰富的互联网环境下，存在着各式各样的文化思想、信息潮流及思想观念，而高校学生正处在三观形成的重要阶段，若负面思想观念涌入高校，则会促使高校学生思想观念产生偏差，甚至还会对学生身心健康发展造成不良影响，弱化主流意识形态教育，进一步加大了高校学生管理工作的难度。其次，在"互联网＋"环境下，学生视野也在信息开放环境下得到了有效拓展，学生接收信息的途径相较于之前而言有了明显的增加，高校思想教育导向性、说服力有明显的降低，学生管理工作人员无法对学生的具体思想动态形成良好把握，这也不利于高校学生管理。

（二）传统管理模式无法适应互联网时代的发展

在"互联网＋"视阈下高校传统学生管理模式也呈现出了不足之处，如管理模式混乱、管理体制僵化、管理环节冗杂等，促使高校相关部门职责出现界限模糊、信息沟通反馈滞后等情况，这种情况下学生管理工作效率自然也会十分低下，不适用于"互联网＋"新形势下的高校学生管理。传统模式下的高校学生管理工作在实施过程中，大多是以严格的管理制度、单项化的管理模式而展开，学生只能被动接受管理，而新时代学生自我意识较强、个性突出，处在这种管理模式下的学生很容易产生抵触心理，不利于学生管理工作的顺利开展。

三、大数据为高校学生管理工作带来的挑战

当今"00后"大学生从小熟悉网络操作，进入大学后，他们的学习、生活、社交等都在网络上产生高频次数据，这为高校学生事务管理带来极大挑战。尤其是在大数据时代，不少高校缺乏大数据相关人才，影响了高校提升学生事务精细化管理水平。

（一）管理反馈滞后性

大数据背景下，高校学生的管理工作应是动态化的、柔性的，不应是专制的、定向化的，尤其是随着外界环境的影响，学生的心态、学习、消费等情况都是动态的。因此，传统的以权力为主的专制管理模式，并不能发挥教育、引

导的作用。但是，目前我国高校学生管理模式还很传统，是一种强制性、被动性的管理，发现存在的问题后，一般通过制定制度来阻止、限制，而不是引导、感化。

例如，在传统的教学模式下，公共课学习以教师为主，由于课程容量、时间等因素限制，教学中师生缺乏交流，教师对学生学习需求了解较少，很难根据学生的具体情况来规划课程。在大数据模式下，教师可以利用网络数据来洞察学生的心理变化、学习需求等情况，然后做出有针对性的整改。这既是一个互动的过程，也是一个学习兼顾反馈的过程，而不是单一的教学过程，所以能够满足学生的学习需求，更好地体现教育的引导价值和意义。

（二）缺乏个性化管理

目前，高校学生管理工作中往往存在一刀切的现象，主要表现在以下两个方面：①采用统一教学方式，不能兼顾所有学生，尤其是对于一些学习基础差、理解能力差的学生。②在生活、社交等方面，管理过于教条，尤其是一些思想相对传统的教师，无法结合时代发展趋势引导学生，导致学生产生反感、抵触情绪。例如，当前学生喜欢追求刺激、喜欢网游、喜欢吃炸鸡、喜欢新潮的服装等，这些行为只要在一定范围内，并无大碍，教师在大数据中获得这些信息时，不应全部否定，而应积极引导。

（三）技术平台建设落后

大数据时代高校的信息化建设是保证高校持续、稳定发展的重要途径，当前高校虽然已经在信息化建设方向取得了一定成就，但信息技术是新时期发展的产物，其只有不断进行优化和提升，才能满足新时代数字化、信息化、智能化高校建设的发展要求。在高校大学生管理工作的开展过程中，每个环节的数据获取、分析、计算、存储、传送等都需要相关技术的支持，并且不同环节之间的关联性较强，以高校教务系统技术平台为例，不同入口的管理平台均由不同企业研发，其数据之间缺乏必要的衔接，上下层管理部门数据信息无法得到及时沟通等，都无法实现数据信息的有效整合，也会导致数据分析存在误导性，不能真实反映大学生状况，也就不利于高校学生管理工作的开展。

（四）数据处理难度加大

大数据时代信息资源获取更加便捷，而实现这些数据价值的核心路径是数据处理。但海量的数据信息使高校教师在数据处理上的难度加大，尤其是大量非结构化、半结构化的数据信息都是数据处理的范畴，并且数据信息数量的激增会造成数据信息质量的降低，无效数据和干扰数据的大面积出现直接增加了数据处理难度。当今时代网络资源具有开放性，各类信息都很容易进入学生视野，由于学生的认知能力和价值观念尚未完全成型，其很容易受到负面消息的影响，形成个人主义、拜金主义等迷失自我的行为。高校大数据管理体系建设不完善，使学生个人数据信息的完整性和一致性较差，数据维护的不准确和不稳定，不仅不利于管理者及时发现学生存在的问题，还会对其产生阻碍作用。

（五）网络信息安全存在隐患

将大数据引入学生管理中，其工作基础是互联网。互联网是一把双刃剑，但很多在校大学生对此没有足够清醒的认识，他们在使用互联网时更多的是对新生事物的好奇，在进行信息查询、交流和共享的过程中，对存在的网络陷阱缺乏警惕之心，因个人数据信息泄露遭遇电话诈骗的事件尽管会时有发生，但仍然没有让他们在自己的内心建立起强大的"防火墙"。学生部分信息数据的泄露或丢失，无疑增加了高校学生管理工作的难度。

（六）学生管理信息收集不全

大数据背景下，学生数据信息较多，哪些是有价值的信息，哪些需要深入挖掘，值得思考。当前，我国高校学生管理工作中面临着信息收集不全、重要信息挖掘不深入等问题，主要表现在以下几个方面。

第一，高校师资配比并不合理，负责高校学生管理工作的教师较少，很难兼顾对各方面信息的挖掘，学生事务管理内容繁多，使教师不堪重负。

第二，学习方面数据信息收集较为片面，虽然当前高校意识到全面发展的重要性，但是在对学生评价中，还是以成绩评价为主，并不重视学生活动的相关评价，过分重视评价结果，重视奖项、成绩，而忽视学习过程中的态度。

第三，对学生消费信息的挖掘不够全面，主要是对校内消费信息的挖掘，校外消费情况在校内网络体系中并不显示，而如果仅仅以此为依据进行信息分析，并不具有代表意义。

（七）数据分析技术水平不高

随着时代的发展，高校学生管理工作与大数据、互联网结合，并且渗透到方方面面。但在应用的同时，数据分析技术水平的低下却成了一大阻碍。目前，大部分高校在应用大数据系统时还沿用之前的系统模式，对于系统的使用倾向于"照搬"，而不是对自身进行详细规划和考察后选用或者改进系统模式，这样导致了高校学生管理工作整体效率降低，精度不高，做不到对数据的有效分析。此外，还有部分高校在数据的应用操作方面存在很大程度上的欠缺，这是由高校学生管理工作人员的操作水平低造成的，而也是这方面的欠缺导致高校学生管理工作水平整体不高。

（八）学生管理人员缺乏大数据思维

大数据技术在其他领域的成功运用并未引起高校的足够重视。一方面，学校各部门间未共享数据，形成"数据壁垒"和"孤岛"现象。这不仅降低了工作效率，还增加了基层学生事务管理工作人员的工作量。例如，就业指导中心和教务处均需要学生的生源数据，第一时间想到的是辅导员。辅导员要将数据分别提供给就业指导中心和教务处，这样不仅浪费了时间和精力，还增加了辅导员的负担。另一方面，面临某项决策或创新时，不少学生事务管理工作人员仅凭过去的工作经验或简单的数据分析，未从全局考虑、深入分析各项学生数据之间的联系，导致决策失误或者缺乏针对性和创新性。学生事务管理工作人员偏向于利用实践经验，缺乏大数据思维，导致实际工作中缺乏收集数据、使用数据和整理数据的意识。

精通大数据与高校学生管理人才紧缺。21世纪人才是第一资源。当前高校学生管理者大多为非专业人员，对学生的管理仅限于通过前人指导与个人摸索获取经验，往往缺乏对各项数据的分析。高校学生数量增大，大部分高校的学生数据混乱，导致大量非结构化数据的分析处理难度增大。对于大量非结构化数据的处理，需要专业人士进行，而高校往往没有既懂大数据技术又懂学生事务管理的专家，造成学生事务管理工作的粗放和决策的无依据。

（九）数据杂乱、难以辨别及监管

大数据时代的到来带来了好处，如精准定位、数据分析、快速抓取等。任何事情都有正反面，大数据也存在着很多弊端，如数据杂乱、难以辨别，而这样的弊端对各行各业都可能会产生很大程度上的负面影响，对于高校学生管理工作也同样。

总地来说，大数据能够让高校学生管理工作通过数据快速整合，从而起到提高管理效率、优化管理模式等优点，并且大数据的数据系统易学。但是对于信息的辨别却难学，由于互联网上信息鱼龙混杂，高校管理人员也很少经过相应信息辨认培训，可能会造成因信息混杂而产生差错。

因此，在大数据背景下，因为信息数据杂乱、难以辨认，高校学生管理工作人员也应对数据进行筛选、辨认，做常规性的培训，只有这样，才能保证应用到工作上的数据真实、准确，将一切虚假的、有害的数据抵制在门外，使高校学生管理工作的效率最大化。

大数据的一个首要特征便是体量大，正因为大数据体量大、数据庞杂，所以对其监管提出了更为严格的要求。高校学生管理工作对监管方面没有投入过多的精力，导致数据整体利用率较低，从而影响工作效率。并且这样的影响不只是针对高校学生管理工作人员，对学生来说同样如此，由于学生的心理不成熟，他们更可能受到负面影响的冲击，所以对信息的监管尤为重要。高校学生管理工作人员在学习辨别、筛选数据的同时更应该把目光放在学生的身上，帮助学生学习辨别、筛选数据的能力，从而使他们建立正确的认知。

四、新媒体为高校学生管理工作带来的挑战

（一）社会主流文化认同感及学生管理者权威降低

新媒体在高校的普及和使用打破了传统管理方式中由上而下的局面，互动交流成为主要形态。相对于单向灌输式的教育和管理，学生会优先选择新媒体的双向沟通方式。虽然增加了高校学生言论和获取信息的渠道，但让管理的主导权和权威地位有所降低。社会主流文化及思想宣传工作无法用传统方式进行集中教育，而新媒体的方式又会使大学生对文化信息进行分散选择，导致思想文化的引导力和影响力大大降低。在传统的教学中，教师和学生管理工作人员处于权威地位，学生更倾向于以教师为中心来参与学习活动。新媒体日新月异的发展让学生通过网络便能获取信息，这导致教师的地位有所下降，从而使管理难度加大。

另外，由于新媒体具有传播速度快、范围广的特点，部分学生会通过匿名的方式来传播负能量，或者以片面认识来攻击教师，这些舆论以讹传讹，更是让学生管理工作人员的权威大大降低。

（二）学生日益依赖网络，独立思考能力下降

由于新媒体平台的可移动等特点，学生可以随时随地通过互联网获取信息，只要输入关键词，就能获得大量的相关信息，这种轻松获取信息的方式让学生产生日益依赖网络的心理。在日常的学习生活中，大学生习惯一键搜索，这增加了他们作弊、抄袭的风险。无论是考试答题还是撰写论文，只要涉及可以查询的信息，学生就可以不假思索通过复制粘贴来应付了事。长此以往，学生们的独立思考能力逐渐退化，创作水平大大降低，心智发展受到阻碍，不利于学生的成长。

（三）多元化信息良莠不齐，舆情监管难度大

新媒体环境下，各类信息在平台上被广泛传播，只要搜索一个词条，与之相关的信息铺天盖地，但所能提供的信息未经过筛选，还可能涵盖负面、错误的信息。大学生在道德自律、信息筛选和选择等方面的能力仍然有待提高，在获取信息的同时可能会受到不良信息的误导，影响了学生的正确判断，对学生的身心健康产生了不利影响，也为高校管理增加了一道难题。再者，新媒体的发展也为低俗文化、诈骗迷信等不良信息提供了平台，而相应的法律不完善，高校监管信息系统技术有限，不法分子有了可乘之机，肯定在背后胡作非为、肆意传播。大学生受到这类信息的影响，不但会对自己的发展有不良影响，而且会在学校造成舆情风波，更不利于高校学生的管理工作。

五、校企合作为高校学生管理工作带来的挑战

（一）自我定位不准确

现阶段，社会经济发展急需各种高素质人才，因此出现很多高校突击性培养学生能力的现象。在此背景下，学生管理已经变成整个学校教学工作中的一项从属工作，高校在决策上存在着只要按质按量完成教学任务即可的观念，无论是对学生管理工作的重视程度，还是对学生管理工作的基本认识，都亟待进一步提升。高校中这种只注重教学，而忽视对学生综合素养以及文化知识的培养和强化的现象，导致学校与学生的发展都受到了严重阻碍。

（二）管理措施亟待加强

受各种历史遗留问题的影响，国家的各种政策和相关的学生管理措施都无法有效地落实到位。特别是对于高职院校，其教学重心完全放在了对技能的传授上，忽视了教学改革与学生管理，最终导致学生综合素质无法得到充分提高。另外，部分高校为了顺应改革潮流也制定出了一些落实措施，但因为学生缺乏管理工作经验，很多措施的落实情况并不乐观。

（三）管理制度缺乏灵活性

从当前的实际情况来看，很多高校为了学生管理工作能够顺利开展，经常把事务性的学生管理工作和学生思想政治教育混合在一起，致使大部分事务性的学生管理工作挤占了思想政治教育的时间。在校企合作机制建立之后，班级原本的整体性受到了破坏，但相关的学生管理制度还没有及时调整过来，无法

和校企合作机制进行有效衔接，进而使学生管理工作出现了疏漏，给学生综合素质的强化带来了不利影响。

六、学分制模式为高校学生管理工作带来的挑战

学分制打破了传统高校学年制的学习要求，主张修满学分就能毕业，使学生可以自行安排大学的学业进度，充分体现了"学习自由"和"教学自由"的教育理念；增强了学生的学习弹性，体现了学习的自助，调动学生学习的积极性和自觉性，满足个体发展的兴趣和就业创业需要。

以往的学生管理是以班级管理、年级管理为主的纵向管理。近几年来，学校大力推广选课制和弹性学分制，大部分学生每节课会和不同的选课同学在一起上课，传统的学生管理方式已经不能满足学生学分制改革的不同课程班级的教学模式。有的学校取消了行政班级，实行导师负责制，有的学校保留了行政班级，实行辅导员负责制。无论是否保留行政班级，学分制模式下学生管理工作均面临以下几个方面的问题。

（一）同学间集体约束力的弱化

学分制模式下的"同学"，只是某一门课程的同学，同学间的集体交流互动往往仅仅局限于该课程教学期间，这种同学间的群体约束力在学生管理上的作用较弱，同学间除了上课期间的沟通交流基本没有集中的交流学习机会。对于保留行政班级的管理模式，除了在召集所有学生集中教育、学习、交流等方面较为困难，还会因行政班级同学间沟通交流机会的大幅缩减而造成团体凝聚力和集体约束力的下降。集体约束力下降后，一些自律能力相对较弱的学生，往往就可能在自我管理上出现问题。

（二）学习进度可能带来的综合素质培养方面的忽视

学分制模式下修满规定的学分后，学生可以毕业，学生可以自主选择课程和进度，部分学生为了提前毕业，在选择课程上可能会更多地考虑课程是否冲突，考虑如何尽快修满学分，而对于综合素质培养方面的考虑较少，一定程度上违背了学分制管理的初衷。过分追求学习进度，也可能导致课程教学占据学生在校期间过高的比重，使同学之间的交流和沟通减少，对社会交往、沟通协调等综合素质的提升有所忽视。

（三）对学生人格培养提出了更高的要求

学分制模式下，在校期间，大学生在学习、生活上需要处理的各类问题较

传统的学年制班级管理模式有大幅的增加，在课程选择、困难补助、勤工俭学、社会实践、思想政治、素质提升等方面，不能再依赖传统的班集体的统一安排、统一指导。对于从初中、高中这种传统班级教学模式下进入大学校园的学生，需要尽快适应新的教学环境和安排，学生必须在独立思考和判断等自我管理与人际交往方面具备基本的能力，学校、家庭及社会均需要在学生人格培养方面提升责任感。

（四）对现有学生管理工作模式具有一定的冲击和影响

对于高校人才培养，学分制教学模式极大地激发了学生的学习兴趣，突出了学生的个性化培养，使学生有了差异化的学习，在学生管理工作中要充分认识学生的个体差异，注重学生的个体自由，强化学生的自我教育。高校在开展各类活动时都是基于"学校—学院—年级—班级"的纵向模式开展，这种管理工作模式在小学、中学已经深入人心。每一个班级的核心成员就是班级的班委，在与学生交流沟通时也是纵向进行传达，并且以班级为单位开展组织活动，提高班级成员的凝聚力。随着学分制的实施，班级存在感逐渐变弱，这种"学校—学院—年级—班级"管理模式的有效性受到了冲击和影响。

七、高校学生管理评价为高校学生管理工作带来的挑战

（一）学生评价内容有失全面性

近年来，许多高校启动了教学改革工作，并将技能和实践课程作为重点引入教改过程中。不过从实际情况来看，课程设置依然以学科为中心，教学目标的局限在提升学生认知能力方面，过度强调课本知识的灌输，严重依赖课堂教学，实践环节比较薄弱，对学生动手能力和实践能力的培养重视不足。另外，授课模式主要以课堂教学、书本教学和闭卷考核为主，重点考查学生对基础知识的学习和掌握情况，对学生动手能力、实践能力的提升情况缺乏关注。虽然一些高校已开始重视实践教学和素质教育，并围绕职业资格证书开展学生素质考核和评价。但在现实中，对于考什么、怎么考，还存在较大的争议。学生也不知道如何改进学习方法，多数时候依然局限于书本知识的死记硬背。如果大幅度改革考试制度，学生必然又会存在适应性困难。换言之，实践教学同样没有摆脱"应试教育"的影响。

可见，当前的高校学生管理评价制度对学生的知识掌握应用、探究学习、创新创造及团队合作等方面的考核存在较大空白。学生管理评价结果侧重于少

数几个方面，可信度较低。在这种评价系统影响下，学生注意力主要集中在课本知识、基础性知识的学习上，对未来工作所需的操作能力、动手能力和沟通合作能力缺乏应有重视，这在无形中削弱了学生就业竞争力。另外，部分学校生源质量较差，入学之后依然面临着与中学相似的教育模式，一味强调课本知识的灌输，传统守旧的评价模式很容易让这些学生降低学习积极性。

（二）评价方式有失科学合理性

高校教师对学生管理评价的认识存在较大偏差。相当多的教师认为国家在学生管理评价方面的投入和重视过度，并把它看作一件很普通的事情。他们坚持用传统的考试分数来对学生进行评价。在这种情况下，高校学生管理评价方法和手段比较简单、落后。有学者指出，在学生管理评价指标权重方面，考试成绩占64%，专业成绩占18%，总结评语占12%，其他占6%。从权重分布来看，高校学生管理评价方式十分单一，主观评价方面可量化的指标使用较少。加之高校教师对专业评价工具认识有限，使科学评价工具无法在实际中被广泛应用，也无法想象后期如何运用综合评价结果来改进学生培养和教育方案。

（三）评价主体比较单一

目前，高校学生管理的评价主体以教师为主，其他评价主体类型较少。调查表明，不同主体在学生管理评价的占比情况为：教师占84%，组织占47%，学生占39%，家长占21%，社区占60%，其他占2%。不可否认，教师与学生接触较多，理应成为大学生管理评价的主力，然而教师也有其局限性，部分评价同样存在盲区。而且教师在开展评价的过程中，主要从自身角度出发来看待学生，对学生其他行为和表现了解不多。评价主体单一导致了评价结果严重失真。这是因为：①教师的自身理念和素质存在局限性，对评价工作缺乏主动性。②学校对其他评价主体的作用重视不足，没有为其他主体参与评价创造良好条件。③学生本身对评价工作缺乏足够认识，参与程度较低。学生管理评价主体必须多元化，只有这样才能够保证评价结果的客观性。因此，高校应当将实习单位、行政管理人员、学生互评及社会机构共同引入评价主体当中。

八、高校百万扩招带来的挑战

高校百万扩招所带来的影响是多方面的，其有助于各地高中升学率的提升，能够为包括农民、军人以及广大失业者在内的社会人士提供更多的学习机会，使其大学梦得以实现。这些都能够在提升国民素质的基础上，为我国社会经济的发展提供更多的助力与支持。但任何事物都是具有两面性的，高校百万扩招工作的开展，也在一定程度上增加了高校教育管理的难度，为高校的学生管理工作带来巨大的压力。具体而言，从高校学生管理的角度来看，高校百万扩招带来的挑战主要体现在以下两个方面。

（一）急增的学生人数与高校现有的教学管理间的矛盾

高校百万扩招之后首要面临的就是教育资源够不够、师资数量够不够的问题，这直接关系到扩招之后高校的学生教育管理服务质量，如果不能解决好这一问题，那么必将导致高校教学管理整体水平的明显下滑。为顺应百万扩招政策，一些地方高校纷纷开展了不同程度的扩建活动，如筹建新教学楼、宿舍楼，扩建学校实验室、图书馆、体育场规模，增加相关仪器设备，扩建师资队伍等。这在一定程度上也相对减轻了高校学生教育管理压力，但大多数高校限于自身办学条件的不足，所筹建的新型教学管理资源并不足以应对每年急速增长的学生数量。尤其是师资队伍的扩建，与教学楼、教学设备等有着本质上的区别，好的师资队伍建设并非一朝一夕即可完成的，需要一个长时间不断筛选、培育、鉴定的过程。在此种情况下，就出现了高校现有教学管理条件与急速增长的学生数量之间的矛盾问题。

（二）学生质量的参差不齐，增加了高校学生管理难度

扩招最大限度地降低了高校的入学门槛，使许多学生能够凭借考试进入大学校园。门槛的降低不仅意味着录取分数的降低，还意味着录取途径的增加。这就在很大程度上造成了高校大学生质量的参差不齐。一方面，许多成绩差、素质低的学生进入大学校园，在大学生群体鱼龙混杂的情况下，学生管理问题不断增加，极大地扰乱了正常的大学校园生态。这一点从近年来新闻屡屡披露出的大学校园安全事件问题中就可看出。另一方面，社会自考政策的出台，为广大的社会人士打开了关闭的大学之门，使其能够通过"回炉再造"实现个人能力、知识、学历水平的提升，从而为获取到更多的就业机会做准备。在此种情况下，一些30多岁且具有一定社会阅历、工作经验的职场人士、农民工、军人、失业人群进入到校园当中。相比较而言，这部分学生个性更加突出，且已经形成了较为固定的行为习惯。学校原有的学生管理培育规划显然并不适用于这些学生，在此种情况下学校必须能够制定出一套体系完整、目标明确、内容适宜的学生管理规划。但事实上仅有少数院校专门针对社会型生源制定了的学生管理规划。

第四章 高校学生管理工作理念
的探索创新

目前，我国高校学生管理工作整体有序，有效地维护了高校教学、科研及学生生活等方面的秩序，但管理工作理念依然存在一些问题，如管理目标不明确、管理规范不完善、管理信息不畅通及管理队伍不健全等。创新高校学生管理工作理念、构建科学化的理论体系和扁平化的组织体系、促进高校学生管理工作专业化是本章重点。本章分为高校学生管理工作理念创新的意义、高校学生管理工作理念创新的实质、高校学生管理工作理念创新的重点方向、高校学生管理工作理念创新的实现途径四部分。其主要包含强化师生认知、建立全新体系、坚持以学生为本的理念、以学生为本的高校学生管理制度工作的实现途径等内容。

第一节 高校学生管理工作理念创新的意义

一、时代发展的要求

当今世界，科学技术突飞猛进，知识经济已见端倪，国际竞争日趋激烈。人类社会发展到今天，人力资源成了第一资源；相对丁人口数量，提高人的素质成了第一要务；在人的素质中，创新精神和实践能力是其重点。科学技术的进步越来越依赖科技创新；知识经济的发展越来越依赖知识创新。国际竞争，说到底，是人才的竞争，是民族创新能力的竞争。无论是科技创新、知识创新，还是民族创新能力的提高，最关键的是人才。人才的成长靠教育，其中，高校教育是非常重要的。高校可以说是培养高素质人才的重要基地，进行教育创新从而适应时代对人才的需求，对高校而言无疑具有非常重要的意义。

二、社会主义现代化建设的需要

目前，我国已经进入了全面建设小康社会、加快推进社会主义现代化的新阶段。在新世纪新阶段，面对新形势、新任务、新问题，最根本的是坚持体制创新，大力推进经济体制、政治体制和文化体制的改革，逐步消除经济建设、政治建设和文化建设的体制性障碍，为经济、政治和文化的发展注入新的活力。体制创新，取决于理论创新和人的创新精神能力，最终取决于创新人才的培养。高校教育既是知识创新、传播和应用的重要基地，也是培育创新精神和创新人才的重要摇篮。无论是在培养高素质的专业人才方面，还是在提高创新能力和提供知识、技术创新成果方面，高校教育都具有独特的重要意义。高校承载着人才培养与输出的重大职责，只有不断推进教育创新，才能为我国的社会主义现代化建设提供更多的富有创新能力的人才。

三、高校教育自身发展规律的必然要求

党和政府高度重视教育工作，我国教育事业取得了举世瞩目的伟大成就，实现了历史性跨越。高等教育入学率已接近大众化水平，高等教育已迈入大众化阶段，高校管理体制和后勤社会化改革取得了突破性进展，教育质量和办学效益不断提高，这些都是高校教育改革创新的结果。但是，我国高校教育的水平与发达国家高校教育的水平相比还有较大差距，与社会主义现代化建设需要相比还有较大差距。我们的高等教育思想、教育体制和结构、教育内容和方法，与社会主义市场经济体制不相适应的矛盾和问题，正在日益暴露出来。这其中既有不少崭新问题，也有一些无法回避的深层次矛盾。对于解决这些问题和矛盾，没有现成的经验和方法可循，其根本的出路在于创新。

四、做好学生管理工作的首要条件和客观要求

随着改革开放的深入和市场经济的发展，学生对各种思想、文化的接受和选择有了更广阔的空间，社会上的各种思想和价值观念必然对当代大学生产生巨大的影响，给学生管理带来新的挑战。同时，我国大学教育的管理还存在着许多不适应之处，突出表现为许多教育管理人员仍沿袭传统的单一模式和思维习惯，原有的以学校和教师为中心、忽视学生主体性的管理模式，使学生管理面临新的困境。

五、做好学生管理工作的逻辑起点和必要前提

当前的高等教育正由精英教育向大众化教育阶段跨越式发展，既要把学生

视为接受教育的对象，又要把学生当作管理服务的主体；既要严格管理规范，又要重视教育引导；既不能一味地追求意志统一，又要充分保障学生权益；既要强调集体观念和社会需要，又要趋向于人的个体需求与素质发展。因此，21世纪的高校学生管理工作必须对管理理念进行创新，并把这种理念创新当作高等教育大众化条件下学校管理工作的逻辑起点和必要前提。

六、做好学生管理工作的应有之义和关键所在

经济建设需要人才，而培养出的人才只有为社会所接纳，并转化为生产力，才能发挥作用。时代变化激发理念变化，理念变化决定时代变化。如果没有先进的理念，学生管理工作就缺乏正确的导向。新时期高校学生管理工作的现代化首先是管理理念的现代化。学生管理工作作为高校学生管理工作的重要组成部分，就要求冲破传统束缚和实践障碍，解决好工作中的"瓶颈"问题。因此，从某种意义上来说，理念是管理的基础和先导，是管理的核心和精髓，是做好管理工作的关键所在。

第二节　高校学生管理工作理念创新的实质

一、建立全新的学生管理体系

将传统的学校—学院—班级的管理制度改变成集服务、指导和管理于一体的制度，并在此基础上设立不同的服务指导中心。建立学生服务总部门，主要负责各个机构的管理，结合计算机信息技术，将各种教育信息、求职信息及课程信息发送到学生手中。

此外，下设其他服务指导中心，如健康服务、心理咨询服务、宿舍服务、餐饮服务、求职服务、论文服务等全方位的服务系统。从学生进入高校时就有规可循。在学生面临困难时，心理咨询服务系统就能给予帮助；毕业时，求职服务系统就能帮助学生修改简历，进行职业规划，举荐合适的企业，并且对相应的技能进行培训。这一系列全新的学生管理体系保证学生各方面的需求，为其走上社会提供了强有力的保障。这既是当代我国教育事业的发展方向，也是对未来社会人才的基本要求。

二、明确学生管理的服务理念

高校学生管理工作，需要学校管理工作人员进行思维上的转变。以服务学

生为主而不是以管理为主的理念，能够更加贴合当代教育的宗旨。高校是学生进入社会的最后一关，在高校中，学生只有得到足够的指导，才能在走上工作岗位后尽快适应并且做出相应的成绩。

因此，高校中的学生管理工作人员需要对学生的职业规划进行探讨并且将其视为工作的重点。大部分学生在大学时期对社会不够了解，对自身的兴趣爱好没有明确的方向。需要职业规划导师对学生进行职业生涯的规划及选课辅导。另外，在进入高校前学生遇到的问题都由家长帮忙解决，在进入高校后，足够的自由和选择权导致一部分学生会出现心理问题和困惑，同时大部分学生远离家人往往会有交际、对环境的适应、学习、家庭等各方面的问题，这时心理辅导就显得十分重要。与此同时，对于即将毕业的学生，高校需要对学生进行就业指导以及相关政策解释，让这些学生及时了解政策，选择最适合自身的发展道路。

（一）贴近实际的管理理念

贴近实际就是将管理覆盖到每一个过程，控制到每一个环节，规范到每一个步骤，具体到每一个动作，落实到每一个人身上，也就是精细化管理。学生管理工作的一个显著特点是所管理的事务烦琐。因此，学生管理工作的核心就是"在'细'字上做文章，在'实'字上下功夫"。在精细化管理中，关键要突出"细"。"细"有几层含义：一是规范，即严格执行管理规章和工作程序，坚持制度面前人人平等；二是科学，即善于运用现代管理方法和信息手段，积极探索和掌握学生管理工作的客观规律；三是到位，即在学生管理过程中，每一个环节都必须考虑到，不忽视微小的管理漏洞；四是明确，即落实管理责任，将管理责任具体化、明晰化，要求管理的过程条理清楚、层次清晰；五是深入，即把工作做得具体，做得扎实，追求一种精益求精的境界，使学校的管理水平迈上一个新的台阶。

（二）坚持系统化管理理念

任何管理都是对系统的管理，没有系统，也就没有管理。系统化就是从整体上构建学生管理的系统模型和综合模块，把学生管理工作作为一个集学习机制、竞争机制、奖惩机制、决策机制、评估机制和反馈机制等于一体的动态过程。学生管理工作是一项系统工程，它不仅是学生工作者的责任，还是全校教职员工的责任。必须高度重视，加强领导，通力合作，形成合力，始终坚持依靠广大教职工、学生政工干部和全体学生积极参与，全员管理。必须针对不同年级的不同特点和不同个体的不同特征，将学生管理工作贯穿于学生成长成才的全过程中。它是全方位的，必须始终坚持管理即服务的观念，把解决思想问题和解决实际问题相结合，为学生做实事、办好事、解难事；始终坚持教育管理的理念，努力提升学生管理工作的人文内涵，强化育人效果。

（三）突出自主化管理理念

"自主化管理"是指在学生管理人员和专业教师的指导下，学生自我教育、自我管理、自我服务和自我发展的教育管理模式。其核心是关注人的发展，营造一种宽松、和谐的民主气氛，调动学生的主动性、积极性和创造性，培养学生的创新精神和实践能力。要充分发挥学生团组织、社团组织和学生党支部的作用，丰富课余生活，拓宽知识面，增长才干，陶冶情操，培养特色鲜明的校园文化精神；要充分发挥学生干部和学生党员的先锋模范作用，让他们自觉地加入学生的管理工作中，成为重大问题的参与者、决策者，在参与管理的实践中尝试管理、学会管理、懂得管理；要充分发挥学生的主人翁精神，突出学生的教育主体意识，实现学生干部队伍自我管理的制度化。

第三节　高校学生管理工作理念创新的重点方向

一、坚持"以学生为本"的理念

在国外，很多高校学生管理工作都从一而终地坚持以学生为核心的工作观念，秉持"以学生为本"的理念，以帮助学生发展得更加全面与自主，尽量去帮助学生达成其想要完成的目的，为学生创造良好的条件以及更多的发展机会。尊重学生、信任学生、依赖学生、给予学生一定的自由，让学生在学校中拥有更多的实践机会，这些都是帮助学生发展需要做到的。学校的一切工作都要以学生为核心来展开与实施，为学生打造一个轻松愉悦的环境，让学生可以充分展示出自己的性格特性，要关心每一个学生，重视每一个学生的成长过程。将国外以学生为核心的工作观念与国内学生管理工作的真实状况相结合，稳固树立"为学生的发展服务"与"服务促进学生发展"的学生工作管理观念，只有在思考学生需求、斟酌学生利益的基础上，才可以有效帮助学生进行多方位的发展，再制定出有关的策略以及学生管理体系，只有这样做才可以在实施过程中有一个非常好的成效，进而达成管理体系、管理模式以及管理过程的"以学生为本"的目标，从而推动国内学生管理工作的飞速发展。

（一）以"学生为本"的理念概述

当前"以人为本"的社会发展理念已经深入人心，教育工作也在积极践行，教育是有目的地培养人的活动，人是教育活动的中心。因此，教育应当坚持"以学生为本"的理念。以教师、教材及课堂为中心，学生处于被管理的地位，是我国教育的传统模式。这种教育模式忽视了对学生潜能的激发，阻碍了学生的发展，限制了学生创新思维的发挥，进而影响我国教育的人才培养质量。

因此，只有革新我国学生管理理念，将"以学生为本"的理念融入学生日常学习、生活管理中，才能真正解决我国学生管理工作面临的困境。这一科学发展战略任务为我国教育理念和教育管理提供了改革思路，要求我们应当将"以人为本"的理念贯彻到学生管理实践中。

（二）以"学生为本"理念的具体内涵

"以学生为本"是"以人为本"的管理理念在高等教育管理，尤其是在高等学校学生管理中的具体实践和应用。何为以人为本，"本"字主要体现在：人是社会历史的根本；人是社会价值的根本；人是一切问题的根本。也就是说，人是现实世界的中心，人是处理和解决一切问题的出发点和落脚点。理论都有其逻辑起点、本质和具体内涵。"以学生为本"的逻辑起点就是要把学生，特别是学生发展作为教育活动的主体，一切教育活动都从学生的发展出发。"以学生为本"的本质是以学生为主体，在学生事务管理中，坚持学生利益第一的方针，谋发展，促进步，想学生所想，急学生所需。

关于"以学生为本"的具体内涵，主要有一般内涵和文化内涵，前者主要是指学生全面、和谐发展，让全体学生都得到发展、让学生主动发展、让学生个性得到充分发展、让学生实现可持续发展。后者主要着眼于培养学生的主体人格，立足于促进学生的和谐发展、致力于满足学生的多元需求、落脚于提升学生的幸福指数。具体而言，"以学生为本"的理念有如下几个方面的内容。

第一，要明确学生的主体地位，从学生的实际出发，尊重学生地位，在教育实践中落实服务学生的管理理念，为学生的学习、日常生活及校园秩序等方面创造一个良好的条件，促进学生成长、成才。

第二，要着眼于学生的发展，加强对学生的教育、指导及服务，将学生自我管理引入学生管理中，充分发挥学生潜能，实现学生主动、全面及自主的可持续发展。

第三，善于培养学生，注重对学生个性的塑造，尊重学生兴趣爱好，培养学生创新能力，挖掘学生潜能。重视培养学生的正确价值观，将爱国、敬业、诚信及友善等高尚道德思想融入学生生活的每一个领域。

（三）以"学生为本"理念对高校学生管理的必要性

高校学生管理工作坚持"以人为本"的理念，既是时代的要求，也是当前的形势所需。以习近平为核心的党中央不断推进改革惠民政策，坚持以人民为中心，把实现好、维护好、发展好最广大人民群众的根本利益作为一切工作的出发点和落脚点。因此，高校学生管理工作必须坚持"以人为本"的理念，这既是坚持科学发展观的必然要求，也是教育培养目标的必然选择。

第一，由教育的本质决定，"教育是根据一定社会现实和未来需要，遵循年轻一代身心发展规律，有目的、有计划、有组织地引导受教育者获得知识技能、陶冶思想品德、发展智力和体力的一种活动，以便把受教育者培养成适应一定社会（或一定阶级）的需要和促进社会发展的人"。在学校教育活动中，应当树立"以学生为本"的思想，不仅要传授给学生知识，还要促进学生全面发展，尤其体现在学生思想品德、智力、体力及个性化发展方面。

第二，"以学生为本"理念指导高校学生管理制度改革是形势所需。1949年以来，我国高校学生管理制度在价值取向上以社会或高校发展为主，忽视了学生的主体地位。在制度内容上，仅仅涉及学生学籍管理、学生学习及创新学生管理方式等方面。所以，"以人为本"不仅为高校学生管理工作提供科学的指导理念，还为高校学生管理制度增添了新的内容：以学生为本，充分尊重学生的权利、人格，促进学生全面、有个性地发展。

第三，"以学生为本"理念是高校学生管理的必然要求，为正确处理普通高校学生管理问题提供了依据。大学生群体主流积极、健康向上，独立性、选择性、多样性和差异性日益增强，他们的思想、价值观越发多样化，加大了学生管理难度。加之，学生法治意识觉醒，高校学生管理的矛盾不可避免会引发学校与学生之间的纠纷。

近年来，高校校园贷、校园欺凌事件也被新闻频繁报道，这不仅关乎高校学生的思想教育，还关乎学生乃至整个社会的安全。因此，建设高校学生管理制度任重而道远，仍需要在探索学生与高校的矛盾中不断更新管理理念，"以学生为本"的理念正好为解决学生管理工作中的矛盾提供了新思路。

二、引入社会支持理念

高等教育发展逐步实现大众教育，使更多的青年人能够进入高校学习与生活，这也让高校学生管理工作变得更为困难。高校学生群体中出现的更为复杂、多重的显性和隐性社会行为问题暴露出以往行政管理方式的弊端：没有办法满足学生多样化的管理需求；难以适应现代大学内部管理要求，便显得有些捉襟见肘了。社会工作，作为一项以利他主义理念为基础的专业社会服务活动，以提供福利服务为宗旨，以助人自助为本质意涵，以尊重、平等为理念，以开发人的潜能和促进人的发展为目标，可以填补以往传统学生管理工作上的不足之处。所以，把社会工作引进高校，给高校学生带来更为多样化、人性化的管理方式，实现高等教育大众化发展中学生的隐藏诉求。高校社区是以高校学生生活聚集区域为范围构建而成的，依靠校内食堂、宿舍、超市、室外运动、文教娱乐等设施的资源整合，建立起一个能够以住宿、活动、学习、教育与生活为一体的活动区域。对高校学生来说，它不仅是学生学习、生活的地方，还是学生与"小社会"交往的空间，在人与环境相处的过程中，共同促进，实现完备管理。

随着高校学生社交范围的扩大，其学习和生活的环境需求也在不断地发生变化，呈现出多样化的需求特点，不再局限于学习区域。在这种情况下，各大高校也在依靠校外建设不断搭建高校群和一些附属服务设施，来缓解高校学生数量不断增加所带来的压力。例如，近些年的高校社区公寓群依靠其完善的生活服务设施和教学区的独立设置，给高校社区的搭建带来了优异的条件。在搭建中，高校社区需要时时注意社会的发展以及学生需求的变化，以最为有效的方式和战略来促进高校社区学生管理，满足学生所需。

从社会支持理论视角分析高校社区学生管理与培养问题，将社会工作理念融入高校社区的第二课堂建设中，一方面有助于形成科学的管理培育体系；另一方面促进高校以合情、合理的方式育人，真正做到"以学生为本"、助学生自助。社会工作参与到高校学生管理中，需要发扬社会工作专业的优势，把社会支持理论和实务方法相结合，便是与理论相结合，调节高校、学生和家庭之间的关系，促进学生潜力的挖掘，培养学生的民主观念及社会参与意识。

从社会知识理论的角度来论述，个体越占有大的社会支持网络资源，在回应来自各种环境的挑战时就会越从容。个体占有的社会支持网络资源分为两部分，即个体所有的资源和社会共有的资源。个体所有的资源主要是指个体自身的综合能力，包括人际交往能力、实践能力等；社会共有的资源主要是指个体的社会支持网络中的其他个体所能提供的社会支持的水平。专业的社会工作是以社会工作理论为基础的，注重通过影响个体的社会支持网络而改变个体生活。对缺少社会支持网络资源抑或是没有办法充分利用社会网络的个体来说，社会工作可以为他们弥补社会支持的缺口或漏洞，甚至可以帮助他们扩大社会支持网络，促进他们充分利用社会资源，最终实现改变个体生活的目标。

三、推进主动安全理念

（一）主动安全及其理念的定义

主动安全理念的核心要素有三个方面：一是以人为中心，充分发挥人民民主力量在安全管理、应急救援中的主动性；二是通过人的因素，将主动安全的理念引入建筑、产品、各类系统的设计以及人的安全教育中；三是主动安全理念功能的实现需要政府、企业、消防、各级组织以及人民群众一体化的有效协作。

1. 主动安全的基本理念

"主动"在词典里的基本释义是：不待外力推动而行动，能够造成有利局面，使事情按照自己的意图进行。主动安全是基于人们对客观事物的自身特性和发展规律的认知的基础上，主动寻找、发现、反馈以及消除或控制设备、环境、工艺流程及人的作业过程中存在的危险物质，积极、主动、全面地把控应急救援，从而在日常安全管理中主动规避危险，事中主动顺势而行控制危险，主动应对、规避危险。

近年来，国内外在汽车主动安全领域得到了长足的发展，并在汽车主动安全技术方面取得丰硕成果，主动安全的理念渐渐进入我们的视野。主动安全的理念是偏向于人的自主管理，偏向于人在管理、设计、规划中的主动性，偏向于人对危险的主动规避、顺势应对、控制。目前主动安全理念虽然刚刚进入我们的研究范围，但是从其他方面的研究可以看出，主动安全理念是未来安全领域研究的大趋势。首先，从本质安全理念中的相关定义可以看出，本质安全是从设备自身的安全性角度思考，使其具备安全性，从另外一个角度思考，就是设计师设计之初，将安全的因素考虑到设备中；同样地，产品安全理念也要求将安全的因素考虑产品的设计、制造、运行中，表现出了人的主动性在本质安全、产品安全中发挥的作用。在杜邦十大安全理念中，也将人的主动性融入杜邦的安全管理模式中，并取得良好效果。尤其是在交通道路规划方面，近年来国外一些发达国家和国内学者都将主动安全理念引入道路规划设计中，有效地预防了交通事故。

2. 主动安全理念的内涵

一方面，主动安全理念更多的是提高人们的安全意识，提高人们的风险认知、识别能力，以及改变人们对待安全的态度，引导人们在日常生活、工作中能够积极主动地发现身边存在的危险，并进行识别、反馈、监督，从而对存在的危险因素进行消除、控制或规避，提高社会的安全管理水平和降低事故的发生概率。

另一方面，主动安全理念引导设计者有主动安全的意识，将主动安全作为指标引入设计理念中，从设计源头上消除、减少安全隐患；同时要求制造商在生产产品、设备时主动严格控制人为因素对产品、设备质量安全的影响；

此外，主动安全理念引导人们在突发事故或灾难中主动救援，因势利导，利用一切条件，根据事故发展状态制定自救、互救、逃生策略，并展开自救、互救行动，最大程度地减少人员伤亡，降低事故带来的损失。

以上所有一切活动的展开均是以人为中心的，所以主动安全理念是围绕人的主动性在安全活动中进行的。主动安全理念引导"人"充分发挥自身主动性，实现在一切活动中主动消除、控制危害因素来实现安全目标，因此主动安全理念几乎适合所有的安全活动，可适用于所有的安全领域和安全系统，能够最大限度地减少危害因素，为事故预防、事故救援提供最大的安全保障，对国家和社会的安全稳定与发展都有重要的意义。

（二）主动安全的相关内容

主动安全致力于通过充分发挥以人为中心的安全主体的主动性，追求制度、文化、系统、人、物等各要素的主动安全性、安全可靠性，使各类危害因素处于人的主动有效控制、抑制的状态，同时追求"人"在安全管理中主动对安全隐患全面把控，在事故中主动应对风险、主动应急救援，从而获得安全本质的目标，这是主动安全的大目标之一。

此外，主动安全致力于将安全领域、应急救援领域、防灾减灾领域等的理念统一起来，形成具有中国特色社会主义的主动安全理念，通过建设主动安全系统、主动安全体系、主动应急救援系统、主动应急救援机制，打造主动安全型人民、主动安全型社会、主动安全型社会环境，形成中国本土的主动安全文化、主动安全理念。从另一个角度来讲，主动安全理念的目标就是使潜在的故障更加明显，提前放大各安全管理阶段潜在的危险并主动解决。

（三）主动安全理念的必要性

首先，从高校自身的角度来讲，其具有客观存在性、突发性、可预见性的特征。客观存在性表现为在现实生活中客观存在各种不同的安全隐患引起的各类安全事故，校园生活中存在安全隐患及引起的各类安全事故也不例外；突发性体现为近些年来高校突发事件时有发生，突发性事故严重威胁到了学校师生的生命财产安全，因此，主动有效地预防突发事故的发生是高校安全管理研究的重要工作之一；可预见性表现在虽然高校安全问题具有客观存在性和突发性，但是通过加强高校大学生安全文化教育、风险识别能力培训以及校园安全管理，采取积极主动的有效措施，大部分安全隐患可以得到控制，安全事故也可以得到避免。只要发挥高校大学生群体的主动性，校园安全问题就将得到可观的预防和解决。

其次，从高校主体因素看，其存在单一性、安全意识淡薄、抗挫能力差的特征。大学生的年龄普遍在 18～22 岁，其学习能力和对新事物的接受能力较强，通过高校积极主动的安全教育和应急救援能力培训，以及学生的主动参与，可以提高学生安全意识和应对风险时的抗挫能力。进而通过充分发挥高校主体——大学生主动参与高校安全管理整个过程的积极性，可以动态地监控、治理高校存在的安全隐患，不仅可以提高高校安全水平指数，还可以培养主动安全型大学生。

最后，从高校内部因素看，高校安全具有管理的有效性和环境的复杂性。现阶段的高校与城市、社区的联系越来越紧密，高校的安全管理需要更多的力量参与，但是就目前高校安全管理制度和管理结构而言，大部分高校管理主体结构和应对力量单一、安全隐患信息传递迟滞，部分高校针对这种现状表现出"无能力"的迟滞状态，这些不足亟待新的安全管理理念填补到高校安全管理中。在高校的"自我保护"下，大学生安全意识薄弱、风险识别能力较弱，安全管理参与度低，湮没了大学生的力量，导致了高校安全隐患和突发事件不断暴露。

此外，部分高校教学设备、实验设备及用电设施复杂多样、管理制度混乱和老化程度不一，也导致了安全隐患的不断暴露。因此，要充分挖掘大学生主动安全意识，培养其安全管理能力，不仅体现出以人为本的治理原则、弥补高校安全管理结构和力量的不足，还要以其庞大的安全管理力量保障高校的安全。

第四节　高校学生管理工作理念创新的实现途径

一、以学生为本理念下高校学生管理制度工作的实现途径

（一）方式的变革

教育是培养人的活动，教育因满足人与社会的需要而产生，也随着人与社会的发展而发展，教育目的、教育制度都受到社会生产力、政治经济制度与科学文化等因素的影响。因此，不同的生产力发展水平会影响教育制度的目的和性质。改革开放前，我国实行的是计划经济体制，国家对教育采取集中统一的管理方式，高校教育的改革、制度内容的重塑都要以国家的需要而定。目前，我国进入社会主义市场经济体制中，教育体制也随之发生了改变，要求公正法治，追求人的平等、全面发展及塑造正确价值观。所以，市场经济体制的深入发展，使"以人为本"的思想越来越多地渗入高等教育领域中，高校学生管理理念逐渐由"社会本位"转向"以学生为本"。

我国高等教育领域体制的改革使高校学生的主体地位逐渐得到关注。从大学生自主就业、高校招生"并轨"、高等教育大众化、高等院校合并升格，到放缓高校盲目发展速度、提升高等教育培养质量，再到目前的"双一流"大学建设等对高校学生管理制度提出了不同的要求，要深入贯彻"以学生为本"的理念，确保学生的主体地位，逐步关注学生学习、学生发展及学生个性塑造三方面的内容。

（二）政策的引导

教育方针的制定始终以政治、经济发展状况为现实依据。教育目的在于提高学生文化基础知识水平，重视发展为人民服务的思想。我国高校学生管理制度改革主要以社会对人才培养的要求为准。从学生基础知识、自主管理及社会参与三方面促进学生全面发展，高等学校要以培养人才为中心，培养全面发展的人，并不断提高学生管理服务水平。为继续坚持社会主义办学方向、党的教育方针，贯彻习近平总书记系列重要讲话，强调学生个性塑造，将"立德树人"思想融入制度中，培养学生具有公平正义、诚实守信、实践创新精神等的正确价值观。

"以学生为本"理念是管理制度改革的理论基础，高校学生管理制度在价

值取向上逐渐从"以社会为本"，开始转向"以学生为本"，实现"社会本位"与"个人本位"的统一；在高校人才培养要求中，切实考虑学生的基本需求。在制度体系构建上，由零散化向系统化、法治化发展；在管理方式上政府职能由集权向分权转变；高校学生管理模式是政府、高校及学生等多元共管。

（三）信息化建设

基于大数据时代的学生管理工作，需要树立"以学生为本"的理念，提升对学生主体地位的理解和认识，还要以人本化的管理思想为指导，根据学生学习需求，从学生的角度来分析信息化建设的问题和不足，这样才能达到有效解决学生管理问题的目标。在坚持"以学生为本"的过程中，高校需要加强对学生基本信息化素养水平的培养，强化学生对高校信息化建设和管理工作的重视，帮助学生筛选正确的网络信息和学习内容，防止学生受到不良网络信息的迷惑，增加学生对信息化建设和管理工作的认同。在人本化管理工作中，学校还要经常组织网络教育活动，不断将高校最新的信息化建设和网络化学生管理工作内容融入学生的日常学习中，引导学生正确理解信息化管理的制度和方法，增强学生对信息化管理工作的便利性特点的了解。从而保障教学质量和管理水平的提升，实现校园文化和学生管理工作的同步建设与发展。高校可以在校园网内开展学生视频会议讲座，让学生通过面对虚拟信息、合理进行沟通和交流等形式，增强信息化沟通和网络技术运用的能力。

（四）奖励制度

第一，细化评奖评优的评价标准。在高校学生管理实践中，高校应当制定科学的评奖、评优标准，并量化指标。例如，在学生思想、学生学习、文体活动表现、科技创新等方面增添加分等级和加分比例，每一个指标对应一个指标值，所有指标累加总分，根据总分高低来评定，以确保评判标准公正、透明。

第二，扩宽奖励方式。制定多样化的奖励制度，实行物质奖励与精神奖励并重，除了奖学金、口头表扬等奖励制度，还应当结合本校实际，增设一些实践活动作为奖励。在高校的奖励制度中，学生们更多关注物质奖励，如奖学金的等级和数额，往往忽视了精神奖励的作用，高校应当将物质奖励与精神奖励相结合，如奖励学生感兴趣的社会实践机会，既切实考虑到学生基本物质需求，又丰富奖励内涵。

第三，鼓励全员参与评选过程。首先，学校相关行政人员及班干部应当加大评奖、评优的宣传力度，避免有的学生符合评选条件，却因不知情而错失机会，还应当加强学生日常管理，详细记录学生平时的课内、课外表现，如学生参与的学术会议、文艺活动等，可以作为评奖的依据。其次，鼓励学生参与评选过程，隐去学生个人信息，进行匿名评审，每一项得分要写出详细理由，并附一份报告说明。最后，还应当鼓励校内外专家参与学生评选，减少情感等人为因素对评奖评优结果的影响。

第四，建立有效的监督机制。首先，成立保障学生权益的组织，由校级及院级行政人员、教师、学生、家长等人员组成，做好详细评估并及时反馈信息，监督评审结果，使监督、评估及反馈一体化。学生工作管理者是评奖、评优的关键，他们比较了解学生，应参与到评奖过程的始终。其次，还应当注意把握奖学金评审操作层面的完整性，注意评审细节，尤其是学生证明材料的真实性，一旦发现作假行为，及时撤销荣誉。学生也应当参与对评奖结果的监督，对不公正的地方提出异议。最后，还应当引入家长监督，建立家长监督委员会，参与监督学生评奖结果，监督颁奖落实情况，并对不足之处提出整改意见。

二、社会支持理念下高校学生管理工作的实践途径

（一）拓展多元化校园活动

1.创设学生校园活动环境

就社会生态理论而言，个体的不良行为习惯和错误认知不能只归因于个体本身，而应当充分结合"人在情境中"的理论，综合考查学生生活、学习的综合环境，用更为开放的视野和包容的态度去究其原因，总结学生正面积极的多元化思想和行为，并据此组织校园文化活动。这种温和的社会工作方式，明显区别于传统的"批判式"教育工作方法，社会工作介入高校社区履行学生管理工作，应当从学校社区建设的实际情况出发，以生源特点、高校社区建设现状以及学生管理服务工作现状等现实情况为基础，秉承尊重、真诚、互助及人性化的工作原则，坚持传递"自助"与"互助"理念，最终通过服务育人提高学生的认同感和满意度。引入社会工作视角，建立多元的校园活动环境，必须要注重社会工作先进、人性化的工作理念和态度，以及对学生的理解和关爱，时刻关注学生的成长发展，给予学生适当的帮助和引导。以更人性化的教育方式和工作理念给学生创造更加完备的基础设施，打造便捷的生活和学习环境，使学生的文化需求获得满足。

高校社区服务要始终坚持以学生多样化文化需求为主，鼓励学生主动参与社区管理和各项校园活动。可在社区志愿者培育小组活动项目完成过程中，提升高校社区生活体验感，明确搭建多元一体的社会支持体系的重要性和需求作

用，极大地提高高校基础设施建设力度。社会工作者通过工作实践介入高校社区服务时，务必给予学生更多的尊重和认可，使学生收获切实的成长经验。

2. 开展高校学生活动与加设服务设施

根据学生的需求反馈，在生活区较为安静的中心地带建设高校学生服务中心，建立个案工作室、小组工作室、自习室、活动房、心理咨询室、宣传栏等功能区，制定服务管理计划和方案，通过宣传栏向学生展示相关活动安排，充分给予学生自主选择性。同时，在宣传栏设置意见征集版块，这样不仅能为学生提供活动信息和更便捷的服务，还能收集到更多的学生需求信息。高校学生服务中心不仅是社工集中服务学生的场所，也是开发学生自治及互助的交流功能、学生"自助""互助"的重要场所。高校学生服务中心提供服务时，倡导自我服务、互相服务等理念，在遵守学校管理规定的基础上，鼓励学生参与到自治管理工作中，不仅能强化学生的人际交往能力、实践能力和领导协调能力，还能够提升学校的整体管理水平，完善学校的自治组织建设。

3. 烘托高校学生活动文化氛围

（1）以第二课堂丰富高校文化宣传

社会工作介入高校学生管理中，需要运用社会工作的专业工作方法，引入社区建设的诸多手段，开展各类活动，重视校园文化建设。学生在高校管理工作中是主要服务对象，要根据学生的需求组织开展各类集体活动，给学生提供多样化选择，提高学生的主动参与性，同时向学生传递"自助"和"互助"的理念，促进学生提升自我的综合能力，培养学生不断学习的良好习惯，最终改善高校社区精神文化风貌，建设团结和谐的新型高校社区。我们可以把高校社区称为学生的第二课堂，主要是因为：虽然高校社区主要建设在学生的居住生活区域，但是学生在社区内可以开展互助学习、交换信息、思想交流、人际交往、才能展示等多元活动，也可以举办篮球活动、具有文化特色活动等项目，是大学生在课堂外的重要学习提升场所。因此，高校社区社会工作者整合家庭、学校、社区及学生四方力量和资源是必要的，可以协调亲子关系和师生关系，推动高校文化建设，开展大范围、高规格的校园活动，推动高校社区建设，深化高校学生管理服务。

（2）提升学生道德文化素质建设

社团活动对提升社区学生道德文化素质至关重要，要建设道德第二课堂，推行奉献社会、服务社会的精神理念。对高校学生而言，参加社团活动可以开展校际联动，拓展眼界，实现学生间的生活理念与行为意识的交流，丰富学生的德育认知，帮助其提高社会责任感和道德感。基于学校层面举办跨校交流活动，可以反观本校社区建设中存在的问题，多所院校的联动社会实践或公益服务实践，能够帮助学生对社会风貌有更全面的认识，培养学生的社会责任感，强化学生的奉献意识，提升学生整体的素质修养。社会工作介入高校社区学生管理工作，使志愿者或社会服务协助员将教育思想、德育规范指示引入社区活动之中，既是创新，也是挑战。

（二）加大信息支持力度促进管理专业化

社会工作介入高校管理中，应当以学生需求为本，践行专业化、职业化的工作态度，帮助大学生实现自我认同。社会工作是专业化、职业化的，在介入高校学生管理时应当充分发挥其专业性，运用专业的工作方法和工作技巧，创新高校管理服务理念，整合各方资源与力量协同管理、全面服务、全员育人。

高校可以利用大数据挖掘技术综合和客观地掌握学生的实际需求和发展特征，还要根据学生学习的实际情况与就业压力，创新管理制度，防止单一和落后的管理制度给学生带来束缚感，营造自由轻松及愉快的管理氛围。在加强信息技术功能的创新中，可以强化信息化建设的系统性，解决学生管理模式单一和信息孤岛问题，还要发挥信息化建设的整体性功能，提升信息化建设和管理的水平。为了有效解决大数据时代数据挖掘困难和处理困难等问题，还需要高校在学生管理的过程中，提升对信息安全问题的重视，结合最近的信息技术和手段提高校园网络的安保等级，并通过成立专业人员监督与负责学生管理工作组织等形式，有效保护学生管理中的信息安全，防止出现黑客入侵的现象，保障学生信息管理工作的有效进行。为防止信息泄密等问题发生，也需要做好技术创新等工作，提升在软件和硬件设施方面的投入力度，引导管理人员正确使用信息操作系统和技术，增加对宝贵工作经验的积累，这样才能更好地参与到学生管理的信息化建设中，推动学生管理工作更加高效发展。

1.提高高校学生管理专业化水平

专业社会工作人才队伍进驻校园。在征得院校主要负责人和相关管理部门的同意后，对所有学生管理工作人员展开社工专业化培训，主要学习社会工作的专业化工作方法和技术、先进的服务管理理念以及社会工作的价值内涵，传递"全员育人"的理念。在具体的工作实践中，社会工作介入高校社区学生管理中，可以通过组织开展各类活动，如组建各类小组、户外拓展训练、互助谈话等，促进学生之间的互帮互助和沟通交流，使社区内人际交往更活跃与融洽，提高学生对社区的满意度，从而产生集体归属感和认同感，为学生提供更优质、更人性化的社区管理服务，不断满足学生认知需求、文化需求，增强收获和成长动力，提高高校社区专业化指导水平。

搭建学生社区需求平台是提升学生对社区服务满意度的直接方式，能够充分满足学生的物质和精神需求。刚刚进入大学阶段的青少年正处在成长的重要阶段，这一阶段是其寻求自我认同和个体同一性的关键时期，通常围绕"我是谁""我要成为谁""我是怎样的人"等意识问题发散展开。但对于刚刚走出家庭舒适圈的大学生来说，往往无法在这些问题上形成客观认知，也无法清楚地认识现实与理想的差距，难以在短时间内完成自我认知和自我认同。因此，大学生容易出现认知失调的问题，要么自我认知过高，长时间保持高效能，要么自我认知过低，产生自卑心理。社会工作可以在这一基础上开展，结合高校学生管理服务，搭建平台，为学生提供更多的人际交往机会，组织丰富的活动，修正学生的自我认知，为高校培养全面优秀的人才打好基础。同时，还可以提高学生的身心健康水平，开发学生多方面的能力，打破成绩定论，为学生找到适合自己的成长发展道路，帮助学生实现自我认同，强化学生对高校社区的归属感和认同感，促进学生心理成熟、健康和人格健全，从而顺利迈入社会和未来。

2. 提升高校学生服务的管理效能

社会工作介入高校社区服务中，要掌握学生的物质和精神生活需求，以学生为唯一的服务对象和工作重点，在全面评估学生的需求现状后，有针对性地提供高校社区服务，满足学生需求，更好地服务学生。社会工作的本质是以人为本的利他主义，运用专业的方法和技术帮助困难人群的职业化活动。社会工作介入高校社区学生管理，必须改变传统的管理办法，注重专业化、人性化和灵活性。例如，在主题活动"茶说服务"活动中或者在"时事辩论"中，以介入目标为核心，引导社区学生提出自我真实需求，有助于建立信息反馈机制。让学生感受到社区管理服务和谐交流的氛围，在校园生活中得到关心和爱护，从而促使学生自发遵守校园管理规定。更加柔和的人性化管理是大学生身心健康的基本保障，不仅有利于大学生树立正确"三观"，还有利于他们提高自信、强化自我认同，让大学生产生感动及回报等积极情绪，从而强化高校学生管理的成效。

提出相应的高校学生管理服务意见和有针对性的建议，有助于学生解决问题，弥补当下高校学生管理的不足之处。从社会工作介入的角度出发以促进学生需求的提升，辅佐学生学习、生活、个人健康成长与发展，在提升高校社区服务功能、尽可能满足学生的需求过程中，始终从学生的角度出发，换位思考，深入了解学生的真实生活状况和心理状态，了解学生的成长变化及价值观，满足学生多样化的需求，始终秉持"服务育人"理念，促进学生形成自我认同感，推动学生健康成长。社会工作介入高校社区学生管理中，首先要在氛围上下功夫，温馨、和谐、有活力的社区文化氛围是非常必要的，只有在互相帮助、互相关爱、主动奉献、真诚交往等温馨、和谐的校园氛围中，社会工作的工作方法、理念和价值观才能顺利与高校环境相融合，发挥出其最好的功能；同时，提升校园文化氛围能够为学生带来更好的校园学习、生活体验，保障学生身心健康。社会工作介入高校社区学生管理中，提高大学生的认知水平，回答好"我是谁"的问题，并提高自我评价和自我认同。

3.加强高校社区学生信息化管理

在现代信息技术、云计算技术不断普及的过程中，为提升高校学生管理信息化建设的通用性、共享性、可靠性，需要高校合理结合大数据技术、云计算等技术，将学生管理工作的相关信息内容上传到网络平台和服务云端中。加强信息化管理体系的有效构建，还可以通过完善在线管理体系、系统等形式，提升信息化管理工作的效果和质量。信息化管理工作体系，要根据学校的实际发展情况，落实学生管理工作的具体内容，并通过明确信息化管理工作结构和人员等形式，突出信息化建设与发展的特征。高校可以要求管理人员正确使用浏览器访问管理系统，加强对学生管理数据和信息的收集，提升数据的真实性和可靠性。此外，各部门还要加强信息化管理和发展过程中的沟通与交流，充分将高校学生管理信息化建设的相关责任落实到各部门。在大数据时代背景下，高校还可以结合新媒体平台（如微信、QQ等）对学生进行有效的管理，提升信息化建设工作的多元性，达到推动学生管理信息化建设快速发展的目的。

继第三次工业革命的完成和第四次工业革命的兴起后，我们已经完全处在信息化社会，因此高校社区对学生的管理必须重视线上开发，建设针对学生群体的年轻化的线上服务平台，为学生提供表达诉求、倾吐心声的互联网空间，提供必需信息支持，有效促进学生参与高校社区建设。线上平台还可以开发交友、创作、意见建议等功能板块，为学生提供人际交往、发表观点的线上渠道。但是，线上平台管理也必须得到重视，在合理范围内发挥其功能和效用，从社会工作介入的角度出发，时时关注学生的个性化表达，及时解决共性及特性问题，可尝试个案寻访或针对具有普遍性的服务管理争议性问题开启线上讨论模式等举措，利用信息媒介提升学生管理成效。

三、主动安全理念下学生安全管理的实践途径

（一）高校安全管理思想理念的转变

近年来，高校安全事故呈现出突发性、原因多样化、综合性等特点，被动的安全管理方式、滞后的事后补救的处置方式已无法满足高校安全管理的需求。思想理念作为安全管理行动的先导，安全管理思想理念的转变是高校管理理念转变的关键，因此高校应树立新的校园安全管理思想理念，改变以往滞后、陈旧的安全管理思想理念。以人为中心的主动安全理念，倡导高校安全管理中以高校主体——大学生为主，以大学生自主、主动管理为导向，实现事后补救的安全改善向事前的管理过程动态防范转变、实现管理主体下移和多元管理主体协同合作的转变。建立以人为中心、充分发挥大学生主观能动性的动态化管理过程、"人"管理主导化、全方位的高校主动安全管理模式，服务于高校的安全管理工作。

主动安全理念强调以人为中心，充分发挥人的主观能动性，强调人自身的安全状态、周边环境的安全状态，重新诠释了"以人为本"的安全理念。这种主动安全理念具有两个基本特征：一是大学生是安全管理主体。主动安全理念的基本原理之一是充分挖掘、发挥人的主观能动性，最大限度地提高个人的安全意识、最大程度地转变人对待安全管理的态度和责任，注重挖掘、培养和发挥大学生主体的个体安全素养，培养高校大学生主体安全管理的力量；二是自上而下地进行全方位管理。传统的安全管理制度是自上而下的金字塔状体系，而主动安全理念强调充分发挥大学生主体的安全管理力量，大学生从高校安全管理客体定位转变为高校安全管理的主体与客体，更重视大学生自主、主动的安全管理模式，从而在管理力量和管理形式上像一个倒金字塔状的管理模式。

同时主动安全理念更加强调过程主动预防管理理念，汪重过程动态管理。即在安全管理的过程中，充分利用大学生数量基础和动态流动特性，在充分发挥其主观能动性的基础上，对高校存在的安全隐患进行实时动态的监控、识别、监督，实现过程主动预防的管理理念。

（二）高校安全管理体制的转变

目前，高校安全管理是以校领导负责、高校保卫机构为主的管理体制，形成了高校安全管理的主体以校领导、高校保卫机构为主。虽然高校坚持以人为本的安全理念，即一切为了人，一切服务于人，这里的"人"主要指高校大学生，但是在高校安全管理过程中，大学生作为高校主体，仅以管理客体的身份融入

高校安全管理的过程中，导致了安全管理中主体与客体的分离。因此，为了能够充分发挥大学生主体力量在高校安全管理中所起到的作用，高校的安全管理体制需要进一步完善，而主动安全理念的出现为高校安全管理体制的改革提供了新的思想理论支撑。

高校安全管理系统中，管理主体为"人"，管理客体为人和物。人既是系统管理的主体，也是管理的客体，即人的主体与客体之间的界限越来越模糊，主体与客体重叠领域的协同作用，将极大提升系统的整体安全性。所以，在主动安全理念的理论支撑下，高校安全管理的主体随之发生改变，大学生作为高校主体，既是高校安全管理的客体，也是高校安全管理的主体，即大学生拥有安全管理主体与客体的双重身份，既是管理者，也是受益者。所以在传统高校安全管理主体的基础上，主动安全理念下的高校安全管理主体转变为校领导管理者、安全保卫机构和大学生，增添了大学生作为高校安全管理的主体；由高校安全管理主体的演变推动高校安全管理体制的改变，高校安全管理的体制为以校领导负责为主，安全保卫机构和大学生共治、共管的安全管理体制。

（三）重构高校主动安全管理队伍

主动安全理念的功能之一就是职能重构。职能重构的主要目的是最大程度地提高高校安全管理的效率和提升高校安全指数，主动安全理念视域下的职能重构能够跳出当前安全管理活动的自身局限，把关注点转向"安全觉醒的人"，进行职能划分，同时为降低安全冗余成本，使"安全觉醒的人"——主动安全型大学生多与管理末端直接接触，参与到安全管理过程中，为高校和大学生创造更高的价值。主动安全理念所提倡的是一种面对社会、企业、个体的公共的以人为中心的主动安全管理模式。其实质是充分发挥个体、组织、政府多元一体化的主观能动性，最大化地发挥个体、组织、政府在安全管理中的主动性，为社会、人民提供主动安全产品和服务。这种模式要求政府、组织、个人在持续不断的学习与结合中为自我、社会提供优质安全服务。高校安全队伍建设应从以下几方面进行。

首先，加强建设专业化的安全管理队伍。长期以来，我国高校安全管理队伍普遍存在安全意识薄弱、安全管理能力不足、学历水平低、没有经过职业安全培训的现象，导致了安全管理过程中存在很多薄弱环节。因此，我国高校安全管理建设要从两方面入手：一方面是高校安全管理队伍要进行职业培训，提升安全管理队伍的专业化管理水平；另一方面是高校重视对安全管理队伍的建设，充分利用高校安全专业师资力量，不断对高校安全管理队伍进行安全培训，逐渐提升安全管理队伍的安全素养以及提高其安全管理的能力。

其次，高校重视学生主体力量参与安全管理，实现安全管理学生化。长期以来，国家、高校以人为本的安全理念，使大学生作为高校主体，一直处于被保护和被服务的对象，在高校安全管理中一直是管理客体的存在，未能充分发挥其主人翁的管理作用。因此，国家、高校应该正确认识、发挥大学生主体力量，转变大学生从安全管理客体到安全管理主体的地位，让大学生参与到高校安全管理的过程中，成为高校安全管理的有生力量，弥补高校安全管理力量的不足，进而不断提高大学生安全管理的能力和安全素养，逐渐实现高校学生参与安全管理化。

（四）高校学生安全管理的改善措施

1. 人员安全要素的改善

根据主动安全理念的思想，针对人员安全要素进行优化改善，主要是通过教育和技能培训、实践方式来实现的。现在以高校主体——大学生为例来进行分析。

（1）针对大学生身体

研究大学生在大学四年的心理特点、变化与不安全行为、思想的变化，在合适的时间进行心理主动干预、疏导，保证有心理问题的大学生生理、心理持续处于稳定状态。

（2）针对大学生技能

加强大学生应急救援逃生技能、自救互救技能的培训和训练；要求大学生履行主动参与校园安全管理的义务，强化其风险识别、风险治理和监督的能力。

（3）针对安全思想

通过安全教育，提高安全意识，强调"以人为本""主动安全"的生产理念，将被动安全思想的强化"自己"是"自己"安全的第一责任人，逐渐转变为主动安全的思想。

2. 设施安全要素的改善

（1）针对设施的质量

生产制造商应积极听取高校买家的建议，从实际使用过程中改良现有的设施，从而提高教学设施的整体可靠性。此外，买家应积极主动地了解产品质量和安全性，选择产品质量和安全性高的设施，从源头上控制设施的整体安全性。

（2）针对设施的维修和保养

高校设施管理技术人员应定期对设施进行保养，针对有安全隐患的设施，积极主动地进行维修，对于无法修复的，要及时更新设施，防止发生安全事故。

（3）针对设施的设计缺陷

针对现有设施本身存在的缺陷，必须加强设施的安全防护装置以保障设施和人员的安全。

3. 环境安全要素的改善

（1）针对地形、地质、地貌以及气象灾害问题

积极主动地探明高校的地质情况，针对危险地形进行整改，主动消除潜在的地理问题；面对气象灾害，积极做到事前预警，事前消除可能由气象灾害引起的二次灾害的潜在危险源。

（2）针对校园安全文化

在树立"以防为主"的安全理念的同时，树立主动预防的安全理念，即充分发挥大学生主体的主观能动性，使学生积极主动地参与校园安全管理，进而逐渐形成主动的安全预防理念。

（3）针对校园基础设施、设备

充分发挥大学生的积极性、主动性，给予其管理和监督校园安全隐患的权利，针对发现的安全隐患或者可能引起事故的潜在安全隐患积极主动地报告给上级安全管理负责人，以保证校园最大限度地消灭高校的安全隐患。

4. 管理安全要素的改善

（1）针对管理理念

高校安全管理理念应在以人为本、预防为主的安全管理理念的基础上，逐步走向以人为中心的主动安全理念，即以人为中心，充分挖掘、发挥人的主观能动性，树立主动预防的安全理念。

（2）针对管理体制

目前，高校的管理体制大致是以学校管理层、高校安全保卫队、教职工保卫队为主，作为管理主体，出于种种原因，目前无法全面地预防高校的安全隐患。基于充分发挥以人为中心的主动预防的安全理念，应当充分发挥高校主体的庞大力量，即高校大学生不再仅仅作为管理客体，而是具有管理主体的身份参与高校的安全管理；具有管理主体和管理客体双重身份的大学生，在自我安全管理的道路上能够走得更远，可为实现高校的主动安全管理奠定一定的基础。

（3）针对高校安全文化建设

高校安全文化建设在实现以人为本的安全理念的同时，应该不断走向以人为中心的主动预防的安全理念；大学生不仅仅作为文化的引领、激励、规范的客体，应该还是安全文化建设的主体，自下而上地形成积极主动的安全文化。

（4）针对管理层的重视程度

高校管理层应当积极听取高校保卫队、教职工保卫队及全体师生对安全的需求；积极了解高校保卫队、大学生整体的安全素质及其建设、教育培训所需要的软件和硬件。

（5）针对高校安全管理主体的队伍素质

加强安全管理主体队伍力量建设、进行职前安全培训，提升其安全素养和风险处理的专业化技能。

第五章　高校学生管理工作制度的探索创新

俗话说："没有规矩，不成方圆"。高校学生管理制度的产生、发展乃至逐渐完善都是高校学生管理工作不断进步的体现。本章以分析高校学生管理制度的历史发展为线索，梳理发展历程，为后续发现问题和继续完善提供真实可靠的理论依据和现实依托。本章分为三部分，其主要内容包括高校学生管理制度变迁的基本线索、高校学生管理制度变迁的主要轨迹、高校学生管理制度变迁的经验反思。

第一节　高校学生管理制度变迁的基本线索

一、学生管理制度变迁的内涵

制度变迁是指制度的替代、转换与交易过程，在学校表现为文本式规章制度的废除、修订、制定和非文本式制度（如校园文化、愿景等正式规则）的转换。从对学校组织性质的研究成果来看，一方面，一般认为学校组织是专业科层制组织，具有科层制强调的分工及专业化、非个人化倾向、权力等级体系、规章制度和职业导向的特征；另一方面，教师作为专业人员，校长并不能直接控制教师的教学工作，教师与领导之间保持着相对的独立性。把学校作为专业科层制组织，把规章制度作为理性思考的结果赋予组织，以使组织成员遵守执行，很少考虑主动促进制度变迁，甚至把制度问题简单归结为制度执行不力。

从制度变迁和制度执行两个方面思考制度问题，才能真正以积极的心态解决问题。当然学校规章制度变迁难度大还有一个重要原因，即学校组织是作为松散结合系统而存在的，参与到学校组织中的人是流动的，特别是学生和家长是流动的，因此学生和家长参与学校管理制度变迁的动力不足，这种问题在学生和家长缺乏有效组织的情况下表现得就更为明显。

一般情况下，制度替代的成本大于制度创生的成本，因为制度替代的成本不仅涉及新制度设计和实施成本，还包括消除旧制度影响的成本。正是因为这个原因，学校新制度的实施要十分注意消除旧的非正式约束和正式约束的障碍，并把消除旧制度的花费计入制度的变迁成本中。例如，素质教育的实施受到应试教育的影响，如何消解应试教育的制度安排和思想观念，成为影响素质教育实施效果的关键因素。

这里有一点十分重要，此处教育成本和收益不单包括以资金或者资本所衡量的经济成本和收益。人们对利益的理解也非仅仅固定在经济方面，利益，"就是每个人按照他的气质和特有的观念把自己的安乐寄托在那上面的那个对象"。因此，在研究学生管理制度变迁中的利益内容时，除了经济利益，还包括其他收益如心理安全、自由保障、合作机制、公平感等。但是影响制度变迁的利益，特别是细分化的利益也许在制度变迁参与者那里并不能得到清晰认识，但其一般对制度变迁的成本－收益有整体估算，最终通过制度变迁的方向来体现这种估算的结果。

二、学生管理制度变迁的关键

有效组织是制度变迁的关键。在学生管理制度变迁中，涉及的个体众多：校长、学校管理者、教师、学生、家长及社会相关人士。所有这些力量的组织结合形式包含两种状态：不同类型个体之间的合作和同类型个体内部的合作。前者是指由校长、学校管理者、教师、学生、家长和社会相关人士以一定形式组织起来，整合各种力量的优势，并表达各种力量的利益和价值，进而促进学生管理制度的变迁。例如，法国学校设置了学校评议会。后者是指学生、家长、教师以组织的形式表达自身价值和利益，能承担个体所不能完成的任务，如成立学生会、家长委员会等。各种力量无论是相互合作还是内部合作，都是通过弥补单一力量的不足，依靠组织并通过组织行为来实现共同目标的。

组织是各种力量合作的形式，学生管理制度变迁中这种组织的结合形式及其合作状态将决定着制度变迁的方向。因此，必须从组织、个体在组织中的地位和行为以及个体在组织中的合作状态研究学生管理制度的变迁，其中最为重要的组织形式是以校长为代表的学校管理层、学生会组织、家长组织及各种力量之间的合作组织。组织需要在战略、结构、人员以及工作程序上拥有充分的内部多样性，以使各种创新活动能够得以开展并提高组织的学习能力。

三、学生管理制度变迁的路径

（一）诱致性制度变迁

诱致性制度变迁是指现行制度安排的更新或替代，或者是新制度安排的创造，它由个人或一群人，在响应获利机会时自发倡导、组织和实行。诱致性制度变迁包含两种类型：正式规则变迁和非正式规则变迁。

学生管理制度的基本目的是跟进学生发展，学生管理制度的实施、监督和检查一般由学校管理层承担，虽然学校管理层可以宣称"一切为了学生、为了学生的一切"等以学生利益为代表自居，但学校管理层不能完全代表学生，而学生及其家长才是学生管理制度规制的对象。因此，学生管理制度的诱致性变迁的真正原因在于学生及其家长产生对变更、替代或者创造制度的需要，也就意味着学生管理制度变迁必须让学生和家长参与，让制度成为维护学生和家长利益的资源和保障。

（二）强制性制度变迁

从社会层面来看，"强制性制度变迁由政府命令和法律引入和实行"。在学校微观运作中，强制性制度变迁是由以校长为代表的学校管理层所主导的制度的更替、创造。这就意味着学生管理制度的强制性变迁主要由以校长为代表的学校管理层主导，将学生排除在外，或者学生仅仅是形式上的意见征询者。

诱致性制度变迁和强制性制度变迁都是抽象化的状态，在实际的制度变迁过程中很难找到完全符合的案例，实际上前者是指以学生和家长为主导的制度变迁，一般以自下而上的形式完成变迁；后者是以校长为代表的学校管理层所主导的学生管理制度变迁，一般以自上而下的形式完成变迁。

教育管理面临着不可预测性、变革的迅速性及兴奋的潜在性，而实际的学生管理是十分复杂的。迈克尔·富兰（Michael Fullan）在论述学校变革时，把学校变革作为复杂组织变革研究，强调了学校变革无论是自上而下还是自下而上都是片面的，关键是寻找二者协调（或者合作）的结合点。

四、学生管理制度变迁的主要线索

学界对我国高校学生管理制度变迁历史的认识，可以归纳为三阶段论和四阶段论。三阶段论主要以高等教育学生管理目标和内容为依据，分为新中国成立初期、1966～1976年和改革开放三个阶段。四阶段论是把社会发展的重要转折或改革作为切入点，探究社会和经济的发展变革给高校学生管理带来的变化，因此把改革开放后又划分为宏观经济转轨时期和建立社会主义市场经济体制时期。

事实上，我们对高校学生管理制度变迁线索的认识，应基于高等教育发展的宏观历史背景和社会经济发展条件。在不同的历史时期，我们对高等教育功能的认识、支撑高等教育发展的物质基础、高等教育发展的政治文化背景，都会影响到高等教育学生管理制度的变迁。

五、学生管理制度的需求与供给

学生管理制度变迁的过程是环境变化引致制度需求、通过制度替代或者创生完成制度供给，顺利完成制度供给也就实现了学生管理制度的变迁，因此制度变迁的过程可以用需求－供给框架来分析。在学生管理制度的具体变迁过程中，由于需求和供给扮演的角色不同，又可以把这种学生制度变迁划分为需求诱致型制度变迁与供给主导型制度变迁。

需求诱致型制度变迁，是指学生管理制度的直接消费者——学生，谋求确定预期对自己最为有利的制度安排。当学生感觉现有制度的缺陷并发现通过变革制度可以产生对自己有利的结果时，便产生了制度变迁的需求，因此这种制度变迁往往是以自下而上的形式完成的。供给主导型制度变迁是指学校（往往是校长或者学校管理层）提供制度安排的能力和意愿是决定制度变迁的主导因素，因此这种制度变迁往往是以自上而下的形式完成的。

（一）影响学生管理制度需求的因素

第一，国家宪法秩序、教育法律与政策和教育目标的变化。国家宪法秩序、教育法律与政策是包括学生管理活动在内的学校管理活动必须遵守的外部规范，某些学生管理制度是国家相关教育法律在学校的具体化和操作化，同时学生管理制度也必须服务于教育目标的实现。当代中国处于转型期，特别是在从计划经济转向市场经济的过程中，经济制度、社会文化与价值观念、社会制度安排乃至人们的生活方式都发生了或者正在发生着重大变化，而所有这些变化的核心是法律和政策的变迁，以法律和政策变迁的形式固化社会变迁并规范社会变化。随着对教育重要性认识的提升，社会转型中的教育变革逐渐成为关注的焦点，在国家层面主要表现为教育法律逐渐完善、教育政策及教育目标的变化，如素质教育政策的提出、禁止体罚学生的法律和政策的出台、培养学生实践能力和创新精神的提出。国家教育法律、政策和教育目标的变化决定或者影响着学生管理制度变迁的方向和领域，并会激发制定相关学生管理制度以服务国家教育法律政策和教育目标的实现。

第二，学校规模的变化。学校规模的变化与管理成本的增加并不构成线型关系，因此通过扩充学校规模可以获取规模收益，同时鉴于教育活动的特殊性，有学者主张缩减学校规模，可以提高教育投资的个体收益率。随着学校规模的扩大，有些学校创立了新的管理制度，如分部制管理、年级组管理，设立了人力资源开发机构等。随着大城市中心城区义务教育入学人口的缩减和家长对个性化教育的追求，小班化教学模式和管理制度开始出现。无论是实行年级组管理制度还是建立小班化管理制度，都是针对学校规模的变化，降低管理成本、提高管理收益的制度安排。

第三，学校偏好的变化。经济理论的三大传统柱石是天赋要素、技术和偏好。学校偏好主要是指学校领导的偏好和学校初级团体（教师、学生）的偏好，影响学校偏好的因素主要有教育传统、教育理念的变迁、知识积累的程度、制度制定者的个性。我国学校管理制度变迁中制度"长官意志化"，显示了制度制定者（校长）个人偏好对制度安排的影响，因此管理制度变迁会带有制定者的个人印记。同时，改革开放后我国教育管理理念发生了深刻变化，从交易式领导向转化式领导转变，强调道德领导，提倡校本管理，这些价值取向的变化导致学校领导者制度选择偏好的转变。例如，制定校本管理实施制度、制定教师和学生参与学校决策制度。

我国学校管理提倡"以人为本""以学生为本"，实质上是认识到学生以及学生自主性的重要性，并把"以人为本"作为学校教育的价值追求，因此设计了校长学生助理制度、学生自主管理制度等规章制度，突破了传统学校管理忽视学生自主性的弊端，体现了学校偏好（价值取向）的变化对制度变迁的影响。

（二）影响学生管理制度供给的因素

第一，国家宪法秩序、教育法律与政策和教育目标的变化。国家宪法秩序、教育法律与政策和教育目标的变化在影响制度需求的同时，也限制着制度供给的范围，其限制作用发挥最为明显的是学生管理制度不能与国家法律和政策相抵触。但从我国学生管理实践和已制定的学生管理制度来看，经常出现学校遵照学生管理制度处罚学生，但该处罚行为却侵害了公民正当合法的权利，最终导致学生与学校对簿公堂。因此，学生管理制度应保证与国家法律和政策不冲突，为实现这一目标，学校在制定制度的过程中应反复推敲，并聘请法律专家进行审查，从而提高学生管理制度的科学性，保证其效力的充分实现。

第二，学生管理制度替代或者创生的成本。学生管理制度设计需要花费成本。例如，投入校长、教师、学生、家长乃至社会力量等人力资源，并需要投入财力、物力、时间、信息等资源。当设计学生管理制度的成本过高时，特别是设计该项制度的成本超过该项制度预期所获得的教育收益时，将限制该项制度的供给。但是，并不否认此类制度能够制定并执行，因为某种力量可能会主导该项制度的制定。例如，当校长处于强势地位时，学生管理制度更多地体现出校长特色，因此出现了制度导致学生反感但却依然执行的现象。由于学校管理具有相似性，学生管理制度变迁具有相互借鉴价值，从其他学校乃至国外学校借鉴相关制度，可以降低制度设计成本，这也是我国不断学习国外学校学生管理制度经验的原因之一。

第三，学生管理制度安排实施的预期成本。制度设计需要成本，制度安排实施也需要成本。当制度设计完成时，让该项制度从潜在安排转化为现实安排的关键是制度安排实施上的预期成本的大小，当实施预期成本过高时，一项好的制度安排也可能夭折。例如，上海一所学校推行的学生指纹考勤制度，由于向家长收取短信通知费用，引起了非议。从家长的反馈情况来看，基本承认该项制度是保障学生安排的创新举措，但争议的根本症结是制度实施成本——短信费用可能侵害了家长利益，或者属于一费制下的乱收费行为。学生管理制度安排实施需要成本，并影响制度供给，学校在制定并推行一项学生管理制度时，需要对实施该制度安排的成本做预期分析。

第四，消除现有制度安排的成本。现有制度安排影响提供新制度安排的能力。现有制度安排是新制度安排的初始点或者运作环境，因此按照现有制度路径或者基本思路供给新制度安排比较容易，这属于制度惯性。学生管理制度供给亦是如此。应试教育环境下的学生管理制度依然在许多提倡素质教育的学校大行其道，在提倡"以人为本"的学校中，学生却没有参与学校管理和学生管理制度制定的机会，理想与现实的差距导致实践者和研究者对"素质教育"和"以人为本"的批评就是明证。

第五，以校长为代表的学校管理层的价值取向。新制度学派虽然强调制度规制对象参与制度变迁的重要性，但是组织领导者对制度安排的供给数量和质量具有重要影响。在这方面，校长的领导风格和学校组织形式的影响最为明显。

第二节　高校学生管理制度变迁的主要轨迹

一、探索阶段（1949～1956年）

1949～1956年为探索阶段。新中国成立后，我国政治、经济、文化等各项事业都进行了改革，我国高等教育管理制度也开始革新，主要体现在《高等学校暂行规程》《专科学校暂行规程》等规范性文件中。

由上可知，第一，这一阶段的高校学生管理制度在形式上比较零散，制度适用的组织或群体主要有高等学校、专科学校及留学生三类，此外还有分区处理高校学生学籍管理问题的规范性文件；第二，制度价值取向以社会为本，忽视学生主体地位。并指出要结合社会发展实际，对高等学校毕业生工作予以适当调整；第三，制度内容主要以学生学籍管理为主，涉及学生考试、考察方式、成绩评分、补考及退学等方面的内容。因此，这一阶段为高校学生管理制度的探索期，体现出以社会为本，重在管理学生，管理形式分散且内容单一的特点。

二、初创阶段（1957～1965年）

经过长达7年的学生学籍管理探索阶段，高校学生管理制度开始注重学生学习，提高大学生培养质量，主要包括高校专业调整、专业人数规模控制、学生成绩考核、研究生培养及科研等方面内容，如1962年颁发的《教育部直属高等学校学生成绩考核暂行条例（草案）》及1963年颁发的《高等学校培养研究生工作暂行条例（草案）》。因此，这阶段的高校学生管理制度在价值取向和内容方面都有了较大进步。

第一，初创阶段的高校学生管理制度虽然依旧是以社会需求为根本，但初步意识到学生在高校学生管理中的重要地位，开始重视学生科学知识的学习和科研能力的培养。

第二，制度内容涉及范围增多，不仅细化了高校学生学籍管理内容，还重视学生培养。例如，在1962年颁发的《教育部直属高等学校学生成绩考核暂行条例（草案）》中关于课程的评定，要求一部分特殊课程除了采用四级分法，还可采用百分制记分；1963年颁发的《高等学校培养研究生工作暂行条例（草案）》中要求重视研究生的招生、培养和工作分配等。

三、停滞阶段（1966～1976年）

在这一阶段，高等教育资源和设施遭到了极大破坏。1965年我国有各类高校434所，而在此之后全国高校最低数量仅余328所，各校教育资源和设施被严重破坏；1965年在校生人数为674400人，而1970年在校生人数仅为47800人，比1949年的大学生人数还少59%，高等教育出现了一定的倒退，致使高校人才培养断层、高等教育质量滑坡。故而，此阶段的高校学生管理制度基本没有发展，处于停滞阶段。

四、恢复阶段（1977～1989年）

这一阶段的高校学生管理制度不仅积极纠正错误，改革上一阶段的高校学生管理制度，还逐渐探索促进学生发展的新内容。例如，《关于1977年高等学校招生工作的意见》、《关于高等学校招收研究生的意见》正式恢复重点学校招生考试制度，稳定高校秩序;《全国重点高等学校暂行工作条例（试行草案）》创新学生管理，将高校实行的"党委领导下的以校长为首的校务委员会负责制"改为"党委领导下的校长分工负责制"。由此可知，这一阶段的高校学生管理制度有了新的发展，主要表现在以下几个方面。

第一，高校学生管理制度逐渐统一，将分别指向高等学校、专科学校的管理制度统一化、规范化，每份规范性文件在全国范围内的高校通用。

第二，在制度内容上有了较大突破，创新学生管理，重视学生学习。

根据以上分析可知，1949～1989年，我国的高校学生管理制度的价值取向以社会或高校发展为主，但学生的主体地位已经开始得到重视，制度内容由重视学生学籍管理转向细化学籍管理、重视学生培养及创新学生管理方式等方面。因此，怎样在高校学生管理制度中确保学生的主体地位是需要继续探索的重点，"以学生为本"的理念为高校学生管理制度的发展提供了探索路径。

五、繁荣发展阶段（1990年至今）

这一时期，高等教育相关法律逐渐健全，高校办学自主权问题受到关注，学生入学、就业、学位授予等方面的制度更加完善，中国高等教育的发展脱离了"条""块"自成体系的高教管理体制，遵循适应社会主义市场经济体制的要求，高校学生管理开始了新一轮的改革。其中，管理体制的改革主要体现在五个方面：办学体制改革，管理体制改革，投资体制改革，招生、就业、缴费体制改革，校内管理体制改革。在人才培养上，在明确"教育体制改革要有利于坚持教育的社会主义方向，培养德智体全面发展的建设者和接班人"的同时，又明确高等学校培养的专门人才要适应经济、科技和社会发展的需要，培养适应市场经济要求的人才。

（一）体制改革期（1990～2005 年）

从新中国成立初期至 1990 年，我国高校学生管理制度的价值取向以社会发展为主，制度内容主要经历了从关注学生学籍转向细化学生管理制度、重视学生培养及创新学生管理方式等，为《普通高等学校学生管理规定》（以下简称《规定》）的颁布和实施奠定了强有力的基础，并为高校学生管理制度的创新提供了理念指引。

1. 高等教育体制改革与高校学生管理

改革开放前，我国实行计划经济体制，政府调控配置资源，一定程度上限制了生产力的发展。1984 年，中国逐步由计划经济转向市场经济，为我国社会生产力的发展开辟了广阔的道路。

在经济体制改革背景下，我国高等教育体制也进行了相应的改革。1977 年，我国正式恢复重点学校招生考试制度，此时需要一些强有力的制度来恢复高校学生管理秩序。1985 年印发的《中共中央关于教育体制改革的决定》指出，教育体制改革的根本目的是提高民族素质、多出人才、出好人才。

我国高等教育体制改革，即大学生自主就业、大学收费、大众化教育及高校重组等，不仅缓解了我国教育资金和资源缺乏的问题，还调动了学生的学习积极性，让学生意识到学习成绩和在校表现对个人发展的重要性，牢记对国家、父母及自己的责任，只有好好学习、拥有扎实的科学基础知识，才能为自己的将来谋发展。所以，1990 年的《规定》重在服务学生学习方面。

2. 体制改革期制度文本分析

使用词频分析软件对 1990 年的《规定》进行词频统计，提取关键词后，软件输出词汇的总频次为 1386 次，其中，频次为 1 的词汇数量有 15 个，由齐普夫高低频次界定公式计算可知，高频词和低频词的阈值为 7，得到 37 个关键词，其排序结果如表 5-1 所示。

表 5-1　1990 年《规定》文本关键词排序结果

序号	关键词	频次
1	学生	103
2	学校	60
3	规定	30

序号	关键词	频次
4	退学	21
5	课程	19
6	休学	18
7	入学	17
8	学籍	17
9	批准	14
10	不得	14
11	处分	13
12	学习	13
13	管理	12
14	学期	12
15	办理	12
16	申请	12
17	部门	12
18	成绩	12
19	处理	11
20	复学	10
21	下列	10
22	社团	10
23	教学	10
24	手续	10
25	考核	10
26	发给	10
27	教育	10
28	必须	9
29	证明	9
30	复查	9
31	降级	8
32	保留	8
33	劳动	8

序号	关键词	频次
34	开除	7
35	思想	7
36	毕业	7
37	鼓励	7
总计	581	

由表 5-1 可得，37 个关键词总呈现次数为 581 次，占输出词汇总频次的 41.92%。通过前 37 位关键词的排序，可以初步了解体制改革期高校学生管理制度的主要内容。但一些关键词及无实际意义的词，如"学生""学校""规定""下列"及"发给"等，因在高校学生管理制度文本内容研究中不具有代表性，故被剔除，我们在这里不做讨论。

（1）体制改革期制度的价值取向

通常来说，立法者的态度和倾向主要通过其在文本中经常使用的规范词来反映，同理可知，《规定》中的规范词可以反映高校学生管理制度的价值取向。规范词一般分为两类，一是"当为"，即义务属性规范词："应当""必须"及"不得"等，规定人们必须作为或不作为的法律规范；二是"可为"，即授权属性规范词："可以""有权""享有"等，规定权利主体选择做或不做某种行为的法律规范。学生、高校及教育主管部门是《规定》规范的主要对象，其中，指向教育主管部门的规范在《规定》中主要指当地省级教育行政部门。

由表 5-1 可知，"不得"（14）、"必须"（9）属于义务属性规范词，且词频较高。通过统计 1990 年的《规定》文本中两类规范词的数量，得出分别指向学生、高校、教育主管部门的义务属性规范和授权属性规范的条文数量，其中，每一个规范词都指向某一对象的规范条文，如表 5-2 所示。

表 5-2　1990 年《规定》规范词数量统计表

规范词属性	义务属性			授权属性		
所指对象	学生	高校	教育主管部门	学生	高校	教育主管部门
规范词数量 / 个	50	14	0	7	12	1

由表 5-2 可得，指向学生、高校及教育主管部门的义务属性规范分别有 50 条、14 条及 0 条。由此可知，此阶段《规定》立法规制的重心在学生，相较于高校和教育主管部门，学生需要履行更多的义务规范，重在管理和约束学生行

为，强调学生个体服从学校集体。在内容上不仅涉及学生的日常学习管理，还涉及学生的私生活，前者主要包括学生学籍管理、校园秩序等，后者体现在第31条中对擅自结婚的学生做退学处理，第49条禁止学生从事经商活动，以及第63条中对酗酒、赌博、打架斗殴，情节严重者给予勒令退学或开除学籍处分。此外，指向高校的义务属性规范较少，主要体现为履行管理学生的职责。

分别指向学生、高校、教育主管部门的授权属性规范分别有7条、12条和1条。学生需要履行的义务规范高达50条，但指向学生的授权性规范仅有7条，包括转系（专业）、转学、学籍保留、跳级、组织（加入）社团、勤工俭学、申诉以及少数院系可举办实习商店的权利，进一步表明了此阶段《规定》强调规范学生行为，学生权益没有得到重视。

此外，指向高校、教育主管部门的授权属性规范与二者的义务属性规范条文数量大致平衡，二者该有的权利和义务大致相等。由分析可知，此阶段《规定》的价值取向依旧以政府或高校为本，学生被严格约束，高校学生管理制度重在对高校学生行为的管制。

（2）体制改革期制度的主要内容

通过分析1990年的《规定》和高校学生管理相关制度文本，探究1990～2005年高校学生管理制度的主要内容。学籍管理制度作为高等学校对学生在校期间进行管理的主要制度，贯穿于学生学习生活的始终。

第一，管理学生学籍。由表5-1可知，"退学"（21）、"课程"（19）、"休学"（18）、"入学"（17）、"学籍"（17）、"成绩"（12）及"复学"（10）等词的频次较高，且排名靠前，可以看出，学籍管理是学生管理制度建设的重要内容。这一时期我国处于高校学生管理制度变革期，高考制度刚恢复不久，需尽快规范高校学生学籍管理，为学生正式入学及学习生活做准备。

因此，学籍管理在《规定》文本中的第二章占据主要篇幅，对学生的入学与注册、成绩考核与记载办法、升（留/降）级、转系与转学及休学、停学与复学方面做了详细规定并要求严格执行。相较于"入学""成绩"及"复学"等词，"退学"和"休学"两个词出现的频次居前三位，对学生做退学或休学情形的条款居多，可以看出，对学生的学籍管理采取强制性规范，以处罚规范学生行为，要求学生严格按规定程序处理日常学习，对违者做退学或休学处理。例如，《规定》文本中第29条单独列出了应予以退学的十种情形，涉及课程考试的成绩、留（降）级超过两年者、患有精神病者等。

第二，端正学习态度。"教育"（10）、"劳动"（8）及"思想"（7）等词表明学生的思想教育也受到了重视，强调纠正大学生的不当思想、端正学生学习态度及培养大学生正确价值观。对此应当认识到大学生作为国家、社会建设的人才后备力量，与国家可持续发展和民族复兴有着紧密的关系。学习作为大学生主要的社会活动，在大学中居于核心地位。良好的学习态度是保障学业顺利完成的前提，同时为大学生以后的健康发展奠定基础。正确引导大学生端正学习态度，培养良好的学习习惯，有助于他们学到扎实的专业基础知识，也有助于促进高校"严出"制度的顺利实施，更有助于高校以高标准达成为国家经济建设输送专业型技能人才的目标。因此，在该阶段尤为注重高校学生学习态度的问题，并对此做出了相关要求。

3. 体制改革期高校学生管理制度的特征

体制改革期的高校学生管理制度旨在维持高校管理秩序，强调对学生进行严格的教育和管理，重点内容是服务学生学习，具有以下两个特征。

（1）严格管理取向

本阶段的高校学生管理制度将新中国成立以来的学生管理制度规范统一，从学籍管理、课外活动、校园秩序、奖励与处分四方面入手，有效地稳定了高校校园管理秩序。同时，这一时期的高校学生管理制度有了进步，即重在服务学生学习，尤其是"以学生为本"的理念在高校学生管理制度中的初步展现，表明学生群体已经博得了关注。但在根本上还是以政府及高校为主，严格管理学生，约束学生的行为习惯，学生依旧处于被管理的地位，学生的发展及基本权益还未从根本上得到保障。

（2）服务学习在制度中得到体现

体制改革期的高校学生管理制度依旧以政府、高校为主，学生处于被管理地位，但是学生学习方面已经得到关注，并在制度中有重要体现，主要体现在如下三个方面。

第一，统一学生学籍管理，从入学与注册、成绩考核与记载办法、升（留/降）级、转系与转学等方面规范学生在校期间的学习和生活，让学生有章可依。

第二，营造良好的学习氛围，结合大学生的生活、学习规律特点，采取各种形式改善在校学习环境，以班级为单位组成学习团队，与本专业的其他班级形成良好的竞赛关系。

第三，通过奖惩制度，对表现的好的学生给予物质奖励和精神奖励，主要以奖助学金、奖状及口头表扬为主。

综上可以看出，这一时期的高校学生管理制度更加符合时代发展需求，开始注重学生学习，是"以学生为本"的理念在高校学生管理制度中的初步展现。

但从价值取向来看，仅仅通过规定约束学生行为，督促和规范学生完成学校既定的各类计划培养目标，重管轻教忽视了教育的目的，从而忽视了学生的全面发展及个性的培养。因此，还须坚持"以学生为本"的理念，继续探索发展高校学生管理制度。

（二）质量建设期（2006～2014年）

体制改革期的高校学生管理制度重在服务学生学习，主要体现在管理学生学籍、端正学习态度、营造学习氛围及划定学习奖惩四个方面。随着高等教育的改革发展，党中央政策指出要控制高等教育规模，重在提高高等教育质量，标志着我高等教育开始强调质量建设，这里将对2005年的《规定》进行文本分析，并结合2006～2014年与高校学生管理相关的制度文件，剖析质量建设期高校学生管理制度的背景、主要内容及主要特征。

1. 高等教育质量建设与学生管理

从1990年的《规定》至2005年的《规定》的施行经历了15年，我国高校学生管理工作取得了一些进步，即服务学生学习，维护高校正常的教育教学秩序，使高校管理逐步规范化、制度化。但随着社会的发展，我国政治、经济、政策发生了变化，政府对教育的发展也提出一些新要求，高校学生管理的重心逐渐开始转移。2006年的《中共中央关于构建社会主义和谐社会若干重大问题的决定》中提出要控制高等教育发展规模，重在提高教育质量。因此，此阶段的高校学生管理制度除继承上一阶段服务学生学习这一内容之外，还强调以培养学生为中心，促进学生发展，提高高等教育质量。

20世纪90年代，我国教育事业蓬勃发展，为了适应经济体制结构的调整，高校进行了高等教育体制改革。从高校包分配到自主就业、高校并轨、高校扩招再到逐步实现高等教育大众化以及院校合并、升格等，掀起了新一轮的全国性院系调整热潮，涉及入学改名、管理层更迭、学科调整、隶属关系变化等内容。时任教育部副部长的周远清在三峡大学座谈会上的讲话指出，高校合并调整以1992年5月扬州大学合并成功拉开序幕，2000年8月新武汉大学问世后告一段落，前后跨越8年，涉及近400所普通高校。高校数量增多、专业调整等表明政府和高校极其重视高等教育的扩张，但对高校的质量问题有所忽视，致使一部分高校盲目发展，忽视了人才的培养质量。

素质教育是我国重视学生培养质量的重要体现。素质教育思想是改革开放以来形成的中国特色的教育思想。素质教育思想既是马克思主义中国化的理论成果，也是吸纳西方先进教育思想、弘扬和继承中华优秀传统文化、扎根中国教育实践的理论创新。素质教育思想在中国教育实践中确立并不断完善、深化的重要原因也在于党的领导和政府的推动及广大教育工作者的实践探索。总地来讲，素质教育在我国教育政策中经历了酝酿、正式提出、全面推进、深化发展等过程。素质教育以追求教育质量与公平为旨归，坚持党的教育方针的总要求，关注每一个学生的全面发展，是我国育人智慧与特色的时代表达。它兼顾了学生身心综合素质的培养，体现了科学精神与人文精神的结合。新时代，面对国际国内各种新形势、新任务、新要求，立足教育培养德、智、体、美、劳全面发展的社会主义建设者和接班人的重要使命，需把握素质教育的时代特征，不断推进素质教育理论和实践创新。

因此，20世纪90年代后期，我国确立了将提高全民族素质作为社会主义现代化建设全局的一项根本任务，为保证该任务的实现，党和国家不失时机地确立了科教兴国战略，这一目标的提出对人才培养与考试内容的转变产生了积极的推动作用，素质教育开始萌芽。

此外，我国于1995年、1998年先后出台了《中华人民共和国教育法》《中华人民共和国高等教育法》，都旨在促进我国教育事业的发展，实施科教兴国，促进社会主义物质文明和精神文明建设，让学生在处理与学校的关系时，有法可依，在《教育法》第五章中明确规定了受教育者应当享受的五项权利和应当履行的四项义务；《高等教育法》中规定扩大高校管理自主权、在国家考试中作弊应当追究法律责任等条款内容。1990年的《规定》中，关于在校大学生结婚作退学处理的条款，与2001年《中华人民共和国婚姻法》的修订中第6条关于结婚年龄的条款——结婚年龄，男不得早于22周岁，女不得早于20周岁相抵触。因此，催生出2005年的《规定》，丰富高校学生管理制度的内容，逐步保证与相关法律接轨，更好地执行上位法的条款规定。

由上可知，以下两点重要内容共同催生出了2005年的《规定》：①高校学生管理的重心转向学生发展，要求放缓高校扩张速度，提高学生培养质量。②解决高校学生管理工作中出现与现行法律相抵触的现象等。

2. 质量建设期制度文本分析

使用词频分析软件对2005年《规定》文本（共6410字）进行词频统计，提取关键词后，软件输出词汇的总频次为1479次，其中，频次为1的词汇数量为45个，由齐普夫高低频次界定公式计算可知，高频词和低频词的阈值为9，得到39个关键词，其排序结果如表5-3所示。

表 5-3　2005 年《规定》文本关键词排序结果

序号	关键词	频次
1	学校	106
2	学生	99
3	规定	54
4	应当	49
5	教育	41
6	处分	26
7	管理	19
8	申诉	18
9	证书	18
10	行政部门	17
11	入学	16
12	省级	14
13	休学	13
14	退学	13
15	教学	13
16	申请	13
17	给予	13
18	学籍	13
19	复查	12
20	处理	12
21	决定	11
22	注册	11
23	手续	11
24	学习	11
25	办理	11

序号	关键词	频次
26	遵守	11
27	提出	11
28	学历	10
29	高等学校	10
30	行为	10
31	秩序	10
32	成绩	10
33	毕业	9
34	考核	9
35	严重	9
36	法律	9
37	转学	9
38	国家	9
39	学业	9
总计		769

由表 5-3 可以看出，39 个关键词总呈现次数为 769 次，占输出词汇总频次的 51.99%，通过前 39 位关键词的排序，可以初步了解到质量建设期高校学生管理制度的主要内容。但一些主题词及无实际意义的词，如学校、学生、规定、提出等，因在高校学生管理制度文本内容研究中不具有代表性，故被剔除，我们在这里不做讨论。

（1）质量建设期制度的价值取向

由上所述，《规定》文本中的规范词的数量和属性可反映立法者的态度及倾向。由表 5-3 可知，"应当"一词的频次最高，频次为 49，每个规范词指向某一对象的规范条文，分别统计 1990 年的《规定》和 2005 年的《规定》文本中规范词的数量，如表 5-4 所示。

表 5-4　2005 年《规定》规范词数量统计表

规范词属性	义务属性			授权属性		
所指对象	学生	高校	教育主管部门	学生	高校	教育主管部门
规范词数量（个）	33	35	2	20	22	1

由表 5-4 可得，2005 年的《规定》规范词统计中，指向学生、高校、教育主管部门的义务属性规范分别有 33 条、35 条和 2 条。与表 5-2 相比，指向学生的义务属性规范从 50 条降至 33 条，指向高校的义务属性规范从 14 条增至 35 条，指向教育主管部门的义务属性规范也实现零的突破，增至 2 条。所以，2005 年的《规定》的立法重心逐渐从学生延伸至高校，不仅要规范学生行为，还要规范高校对学生的管理行为，提升高校管理的质量，使之更加人性化，更符合"以学生为本"的理念。此外，教育主管部门有 2 条义务性规范：一是第 36 条中，省级教育行政部门要向中华人民共和国教育部备案学历、学位证书；二是第 63 条中，应当对申诉人的问题给予答复并及时处理。同时，"行政部门"（17）一词的频次较高，以上表明教育主管部门开始介入处理学校与学生间的相关事务，要从公平的角度出发考虑问题，不偏不倚地处理学生事务。

由表 5-4 可知，指向三者的授权属性规范分别有 20 条、22 条和 1 条。与 1990 年的《规定》相比，指向高校和学生授权属性的规范条文明显增多，表明学生不再作为被严格规范和约束的对象，逐步维护学生的主体地位，并重视学生自主性。例如，2005 年的《规定》新增学生的 6 项权利和 6 项义务，删除了学生结婚就给予退学处分、不得复学、体育不及格处理等条文。

此外，高校的自主性也在逐渐提高，从 2005 年的《规定》中可以看出，学校不仅规定了考核和成绩评定方式，还规定了休学的次数和期限。此外，转专业也是由学校批准的。1990 年、2005 年指向教育主管部门的授权属性规范虽都只有 1 条，但在内容上发生了改变，一改以往具体细则由省级教育行政部门制定的模式，从而大大提高了本地区高等学校的自主能力，教育主管部门只负责指导、检查和督促，具体的学生管理要求由学校制定，从而使服务管理质量提高，这也充分表明了学生的地位得到了重视。因此，由规范词可以看出，质量建设期的高校学生管理制度以社会为本，但高校开始重视学生的主体地位，对学生的管理由严格管束向提高管理质量转变。

（2）质量建设期制度的主要内容

由规范词可知，这一时期高校学生管理制度开始改革以社会为本的制度价值取向，考虑到学生需求，管理更加柔性化，由严格约束学生行为向规范管理行为转变。分析 2005 年的《规定》文本及相关制度可知，质量建设制度内容主要有强化知识学习、促进自主发展两个方面。

1）强化知识学习

由表 5-3 可知，"入学"（16）、"休学"（13）、"退学"（13）及"学籍"（13）等词的频次较高，表明学生学习依然是本阶段学生管理制度建设的重点，尤其是学生学籍管理，但与体制改革期相比出现了一些新的变化，统计 1990 年《规定》和 2005 年的《规定》中与服务学习相关的关键词可知，"退学""休学"及"开除"等词的频次下降，"处分"一词的频次上升，表明这一时期的学生管理制度强调优化学生管理细节，注重柔性管理。

第一，规范了一些处罚过重或不合理的条文，以处分形式代替退学或开除等过重处罚。

第二，改革了学生学籍管理细则。例如，鼓励和引导高校内部、高校之间设立双学位制度、跨校选课，细化对学生转学和转专业等方面的管理细则。

第三，删除了一些不规范的有损学生基本权益的条文，如学生管理的定义、学生结婚的退学处理、体育课不及格处理等。

同时，"教育"一词的频次增至 41 次。可以看出，这一时期依然强调学习的重要性，但更加重视学生思想教育。例如，2005 年的《规定》中第 4 条要求学生应当学习先进的思想，刻苦学习，勇于探索，积极实践，增添高校的育人功能，积极进行思想教育和培育良好的理想信念。

故而，服务学生学习依旧是此阶段学生管理制度的重点内容，在学生学籍、校园环境等方面创造良好的学习条件，制度内容更加合理、人性化，切实考虑到学生的需求，实现从约束学生行为到规范高校对学生的管理的转变，提高高校的服务质量，学生的主体地位得到重视。

2）推进自主发展

"管理"（19）、"申诉"（18）、"申请"（13）及"复查"（12）等词突显出这一时期学生管理制度重视学生自主发展，主要表现在关注学生自主权、引导学生参与学校管理、学生合法申诉及培养学生科研能力方面。

第一，学生可以按学校规定申请转专业，激发学生的学习积极性和潜能。取消 1990 年的《规定》中擅自结婚的同学做退学处理的规定，在不违背上位法《中华人民共和国婚姻法》的基础上，更是出于尊重学生个人意愿的考虑，给他们自主选择的权利。

第二，处分标准和程序更加规范，对学生做退学处理、违规及违纪等处分都有章可循，成立了由不同的利益群体组成的申诉委员会，申诉时间限在 5 日内。申诉条款的完善，减少了处分不科学的现象，尽可能避免学生与学校之间纠纷案件的发生。

3. 质量建设期高校学生管理制度的特征

质量建设期的高校学生管理制度主要细化服务学生学习，着重强调学生发展。在价值取向和制度的主要内容方面，质量建设期的高校学生管理制度具有以下特征。

（1）弱化管理取向

这一时期的高校学生管理制度有了崭新的面貌，实现了由高校严格管束学生向提高学生管理水平的转变。

第一，服务水平逐渐提高，表现在患病新生可保留入学资格一年、毕业证遗失可补办证明书、参加社团活动更加灵活自由等，充分考虑到学生的切身利益，赋以柔性化管理，规范高校对学生的管理内容。

第二，管理方式更加灵活，表现在学生转学、转专业方面有迹可循，学业可在规定时间内分阶段完成、对学生的纪律处分应当与其违纪性质和过错严重程度相适应等，让管理更富有弹性，更利于学生发展。

因此，质量建设期的高校学生管理意识到学生主体地位的重要性，赋予柔性化学生管理意识，学生不再是被严格管束的对象，不但可以在一定范围内参与学校管理，而且学生的学习及发展已经得到制度保障，以上内容都是"以学生为本"的理念在这一时期高校学生管理制度中的重要体现。

（2）学生管理方式富有柔性化

在质量建设期的高校学生管理制度中，学生不再是被严格管束的对象，学生管理方式变得柔性化，且开始强调学生发展，在制度中体现为以下两点。

第一，细化服务学生学习制度。高校学生学籍管理更具人性化，不但要求学生认真学习，而且在思想教育方面教导学生要树立勤奋学习的良好理想信念，更加要求大学生应将所学知识应用到课内外实践活动中，扎实学习文化基础知识。

第二，引导学生投入社会实践活动中，要求学生遵守国家法律法规及学校规范，做一名合格公民，还强调实践育人的重要性，引导学生积极参与社会实践，如高校的助研、助教、助管等，在实践中收获经验。

这一时期的高校学生管理制度更加符合时代发展需求，相较于体制改革期的高校学生管理制度，这一时期已经开始对高校学生管理制度进行强有力的改革：在服务学生学习上，考虑到学生的切实需要，更新细化了学籍管理、学生思想、校园秩序等方面的内容；在学生发展方面，对强化知识学习、学生自主发展及社会参与都有了新的规定，在更新以往制度的基础上，还有了促进学生发展的具体内容，更加充分地在制度中贯彻了"以学生为本"的理念。

虽然质量建设期的高校学生管理制度取得了进步，但新的学生管理问题又会不断出现，如学生学术不端、学生心理脆弱等。我们应如何应对，如何正确塑造学生个性，如何培养其正确价值观并将其体现在制度文本中？鉴于此，我们仍需基于"以学生为本"的理念，探索高校学生管理制度的改革与发展路径。

（三）内涵发展期（2015年至今）

质量建设期的高校学生管理制度注重质量建设，强调促进学生发展，主要体现在强化学生学习、自主发展及社会参与三个方面。随着高等教育的发展，"立德树人"新思想诞生，作为中国特色社会主义高校的立身之本，这一思想对中国特色社会主义高校"培养什么样的人、如何培养人以及为谁培养人"这一根本问题做出了科学解答。将"立德树人"作为中国特色社会主义高校的立身之本，既是由中国独特的国情、独特的历史、独特的文化决定的，也是对政治工作规律、教书育人规律、学生成长规律的科学应用，更是稳步推进中国特色社会主义现代化建设的迫切需要，还是顺应世界人才培养模式、进一步提升综合国力的内在要求。与此同时，该阶段学生群体的个性特征愈加复杂多样，这些方面都促使高校学生管理的重心发生变化。这里将着重探讨内涵发展期高校学生管理制度的背景、文本及主要特征。

1. 内涵发展期高校学生管理制度的背景

近几年来，我国社会经济形势、高等教育领域及学生群体的新变化对我国高校学生管理提出了新的挑战。激烈的国际竞争和国家文化软实力的提升及当前经济形势都对我国教育的发展提出了新的要求，高等教育由重质量建设向推动教育内涵式发展转变，主要表现在人才培养体制、办学体制及现代大学制度上的因势而新。例如，在人才培养体制上，从以注重培养人才的数量和质量到提倡全面实行素质教育，再到如今重在提高人才培养水平。

2. 内涵发展期制度文本分析

使用词频分析软件对2017年的《规定》文本进行词频统计，提取关键词后，软件输出词汇的总频次为2388次，其中，频次为1的词汇数量为18个，由齐普夫高低频次界定公式计算可知，高频词和低频词的阈值为11，得到51个关键词，其排序结果如表5-5所示。

表 5-5　2017 年《规定》文本关键词排序结果

序号	关键词	频次
1	学校	167
2	学生	154
3	应当	87
4	规定	87
5	教育	44
6	处分	36
7	管理	28
8	申诉	26
9	处理	26
10	入学	24
11	学习	24
12	证书	23
13	学籍	23
14	学业	20
15	行为	19
16	决定	17
17	申请	17
18	行政部门	17
19	录取	17
20	转学	17
21	成绩	17
22	获得	16
23	国家	16
24	复查	16
25	学位	15
26	给予	15

序号	关键词	频次
27	手续	15
28	省级	15
29	学历	15
30	法律	15
31	期限	15
32	予以	15
33	作出	14
34	资格	14
35	课程	14
36	退学	14
37	严重	13
38	休学	13
39	教学	13
40	秩序	13
41	法规	13
42	注册	13
43	程序	13
44	不得	13
45	在校	12
46	办理	12
47	遵守	12
48	毕业	11
49	建立	11
50	违反	11
51	课程	11
总计	1298	

由表 5-5 可以看出，51 个关键词总呈现次数为 1298 次，占输出词汇总频次的 54.36%。通过前 51 位关键词的排序，可以初步了解内涵发展期高校学生管理制度的主要内容。但是一些主题词和无实际意义的词，如"学生""学校""规定""予以""作出"等，因在高校学生管理制度研究中不具代表性，故被剔除，我们在这里不做讨论。

（1）内涵发展期制度的价值取向

规范词可以反映出立法者的态度和倾向。表 5-5 中规范词有"应当"（87）、"不得"（13），其中，"应当"一词的频次是 2005 年的《规定》的近两倍。统计 2017 年的《规定》文本中规范词的数量及指向的对象，分析内涵发展期立法者的态度变化，如表 5-6 所示。

表 5-6　2017 年《规定》规范词数量统计表

规范词属性	义务属性			授权属性		
所指对象	学生	高校	教育主管部门	学生	高校	教育主管部门
规范词数量 / 个	42	61	5	24	38	3

由表 5-6 可得，指向学生、高校及教育主管部门的义务属性规范分别为 42 条、61 条和 5 条。在这里指向高校和教育主管部门的义务属性规范条文增长比例远远高于学生，进一步规范高校对学生的管理行为，提高学生管理服务质量，主要表现在以下三个方面。

第一，2017 年《规定》注入了"立德树人"的学生管理新思想。例如，在第 7 条中新增学生应该恪守学术道德，除了要履行法律、法规规定的义务，还要履行学校章程规定的其他义务。

第二，2017 年《规定》更加注重规范高校对学生的管理行为。例如，为了弥补以往教育救助的不足，在第 12 条中要求高校完善学生救助体系，保证学生不因家庭困难而放弃学业。

第三，2017 年的《规定》充分加强省级教育行政管理部门对高校管理的介入和监督，促进管理公平、公正，提高高校服务质量。在第 24 条中指出要加强监督学校相关工作，在处理申诉、投诉时应当实施监督。

由表 5-6 可知，指向学生、高校、教育主管部门的授权属性规范也增加了，分别为 24 条、38 条和 3 条。新增的规范表明，学生不再处于被动地位，不再是被严格管束的群体，学生拥有更多维护自己利益的权利。同时，高校的自主权仍在不断扩大，拥有更多可以自行处理本校事务的权利。学生管理制度的制定围绕学生而进行，因为学生是一切教育的中心，逐步改变旧式高校学生管理理念，把"以学生为本"的管理口号落到实处，认识到学生的全面发展是中国高等教育所应追求的共同目标，把人作为关键点来制定管理制度是有利于学生身心发展的创新管理模式，是维护高校学生管理工作稳定的一个重要基础。不仅从思维上坚持"以学生为本"，还应把服务凌驾于管理之上，在高校学生管理过程中，注重服务学生的理念高于管理学生，把管理学生、教育学生和服务学生三者有机结合起来。可以说，此阶段的高校学生管理制度确立了"以学生为本"的价值取向，追求社会本位和个人本位相统一，由规范学生管理行为向实施管理分权转变，让学生真正参与到高校学生管理中。

（2）内涵发展期制度的主要内容

深入探析 2017 年的《规定》文本和这一阶段的高校学生管理相关制度文本，可以突显出 2017 年至今学生管理制度文本的主要内容。

1）鼓励学生学习

由表 5-5 可知，"教育"（44）、"处分"（36）、"入学"（24）、"学习"（24）、"学籍"（23）、"转学"（17）及"课程"（11）等词的频次较高，表明服务学生学习依然是内涵建设期高校学生管理制度的重点，贯穿制度建设的始终。但这一阶段的学生管理制度在服务学生学习方面也出现了一些新的变化，通过统计 2005 年的《规定》和 2017 年的《规定》中与服务学生学习相关的关键词变化可知，"退学""休学""开除"等词的使用频次与 2005 年的《规定》文本大致相同，这一阶段的高校学生管理制度依然强调柔性管理，避免处罚过重，给予学生改过的机会，还增加了处分、入学等相关规定，进一步规范学生在校行为。"教育"频次为 44 次，这一时期强调"立德树人"的新思想，将"立德树人"作为教育的根本任务，重视学生的理想信念教育。

2）塑造学生个性

社会经济发展、高校改革及学生的思想变化，使这一时期的高校学生管理制度除了优化服务学生学习、促进学生发展，还出现了新的特点，即塑造学生个性，其主要表现在立德树人、培养学生高尚品德及公平正义感和诚实守信的正确价值观方面。

第一，公平正义。"管理"（28）、"申诉"（26）、"处理"（26）、"复查"（16）、"手续"（15）等词居于前列。相较于 2005 年的《规定》，2017 年的《规定》对于学生学籍管理、处分决定，尤其是在学生申诉方面，有了一大跨越。①在处理学生相关事务中，灌输给学生公平、正义的社会责任感。例如，学校要确保学生在思想品德、学业成绩等方面获得科学、公正的评价。②保障学生管理公平，3个月内对学生的录取手续、录取资格、身份证及录取通知等做详细复查；要求学校为家庭困难学生提供教育救助，保证学生不因家庭困难而放弃学业等。③在学生申诉方面，要鼓励学生维护自己的正当权益。扩大申诉范围，负责受理学生对处理或者处分决定不服提起的申诉，还提供了更加明确的权利保障指引，成立了学生申诉委员会，其一般由学校负责人、教师、学生、法律事务负责人等不同利益相关者组成。

第二，实践创新。随着社会的不断进步，教育对人的发展也提出了新的要求，自主创新能力成了当代人才应具备的能力。在2017年的《规定》文本中"创新"一词出现了6次，要求大学生树立创新精神，通过鼓励学生参加科技文化活动、创新创业活动等来提高社会实践能力。政府极其重视高校学生的创新能力，近年来，教育部陆续举办大学生创新创业大赛，让学生将自己的兴趣爱好应用到实践中，在创业中发挥自己最大的潜能。此外，《关于深化高等学校创新创业的指导意见》和《关于发展众创空间大众创新创业的指导意见》重在激发学生的创造力，旨在培养具有创新思维的有志青年，助力大学生实现自己的个体价值。

3. 内涵发展期高校学生管理制度的特征

通过对2017年的《规定》和相关制度文本的梳理，发现这一阶段的高校学生管理制度注重内涵发展，将"立德树人"融合于制度中，强调学生个性塑造，具有以下特征。

（1）管理放权取向

本阶段的高校学生管理制度重在继续优化高校学生管理，提高服务学生质量，并开始逐步实施管理放权，政府赋予高校更多的自主管理权，如学分制定、课程重修或补考规则的制定等。针对学生，也增加了许多自主管理的条文。例如，鼓励学生参与高校管理，在对学校的相关事务处理方面具有参与权及建议权。学生的基本权益得到强有力的保障，这一时期的高校学生管理制度从学生学习、学生全面发展及学生个性塑造方面诠释了"以学生为本"的理念。

此阶段对学生学习、学生发展的制度条文做了更具时代性、更具人性化的修订，关于学生个性化塑造方面更是新时代的重要体现。高校学生既是被管理者又是管理者，两种角色体验相互转换。在高校学生管理过程中，不仅能更好地倾听学生诉求，还能促使学生管理从刚性的行政管理逐步走向柔性的人治。

（2）塑造个性在制度中得以体现

内涵发展期的高校学生管理制度主要在于优化学生管理，赋予柔性化的管理模式，更多地从学生角度出发完善服务学生学习、促进学生发展的相关制度。此外，还从社会发展需求及"以学生为本"的理念具体内容出发，将学生个性塑造方面贯彻到高校学生管理制度中，主要有以下四个方面内容：①以德树人。将道德育人的思想贯穿到学生学籍、校园秩序、课内外活动、学生奖惩中，并坚持以学生为本，想学生所想，急学生所需；②公平正义。既要在学生管理事务中确保学生和高校有公平的地位，即确保学生在思想品德、学业成绩等方面获得科学、公正的评价，又培养学生的公平责任意识，时刻维护自己的正当权益；③诚实守信。这一时期的高校学生管理制度要求建立学生诚信体系，学生在学业上及生活上都要做到诚实守信，坚持自己的道德标准，严于律己，做到知行合一；④实践创新。高校学生是富有创新活力的群体，鼓励学生创新创业，并为学生搭建平台，组织相关活动，让学生在实践中激发创新思维，在创业过程中丰富个人经历。

综上可知，这一时期的高校学生管理制度更加符合时代需要，更尊重学生的多样化发展，对高校学生管理制度进行了改革，"立德树人"思想贯穿制度建设的始终，在服务学生学习、学生发展以及个性塑造等三方面都较好地体现在高校学生管理制度中。①在服务学生学习方面，学生学籍管理规定更加公正透明，对相关工作都有公开公示的规定，还引入当前先进的网络技术，创新课程教学的方法。②在学生发展方面，做到了学生自主管理相关事务，并对学生相关事务的处理有发表意见和建议的权利，在之前全面发展的基础上，还逐渐增加学生终身学习的理念，将学习落实到学生整个成长、成才过程中。③在学生个性塑造方面，注入"立德树人"新思想，培养学生公平正义感、诚实守信的社会责任感，创新思维培养与实践等。

第三节　高校学生管理制度变迁的经验反思

一、持续优化学生管理制度体系

首先，加强意识形态管理的制度保障，注重学生情绪管理的建设。与"复旦投毒案"类似的事件层出不穷，这不是单纯的心理健康教育能解决的问题，这是人与人之间的情绪沟通和互动构筑新型人际关系出现的问题，这是典型的学生情绪管理问题，高等教育重视学生的学识教育，在制度体系中，多以学生的学籍、考试与考核、处分与奖励方面的规定和要求为主，比较忽略学生情感、情绪、人格等情绪因素的挖掘和培养。因此，在制度体系中，关于学生意识形态方面的制度几乎没有，对于学生情感、情绪方面的过程管理较少，给予管理者过程管理的配套政策较少，致使管理者产生较大的精神压力、管理压力。

其次，高校应树立文化育人的管理模式，在对学生的管理过程中，学校的历史沿革和文化底蕴，能影响学生的成长、成才。大学生正处于价值观、世界观、人生观的形成阶段，学校文化在很大程度上能感染到学生的行为习惯。文化可以塑造人、引导人、管理人。《规定》为各高校提供了制度体系的主流意识形态，因此，校级层面的制度就应以养成习惯为目标，发挥学生的主观能动性，让学生自觉维护校园稳定和秩序。每一所高校都有自己独特的校园文化，这其中既包括专业特色、历史丰碑、学术积淀、育人理念，也包含在管理过程中所形成的管理文化，校园文化是多种文化碰撞而成的，它们彼此要相互协调与磨合，以文化管理的思想来取代制度，让制度来映衬文化，让校园具有人文色彩，充满文化的气息和温情。因此，在制定学生管理制度的过程中，应注重把校园文化、校园价值观、道德标准融为一体，这样能增添制度的人性化。

二、继续深化依法治校

第一，用法的思维行事，党和国家历来对"依法治国"都相当重视，在高校学生管理中，把法律知识的传播常态化、专业化，以及维护学生的立场和权益永远摆在第一位。在实践中首先应转变思维，创新工作理念，摆正位置，高校管理者应清楚自身的工作职责。制度体系在每一次变革中，应逐一分析制度条款是否维护了学生的合法权益，应尽可能地避免学生管理制度违反法律，让学生感受到来自学校的关怀。

第二，对于学生申诉的案件，应更加正规地立法建制，此项制度应与法律相关内容接轨，把学生的类似案件按照法律的程序来处理，这样才会保障教育管理者以及学生双方的利益。高校除了聘请法律咨询顾问，还应该设立专门的法律管理部门，配备专门人员，从专业的法律角度处理学校与学生之间的事件。

第三，深入研究规章制度与相关法律衔接问题，《规定》的进步来自它不断探索适合学生身心健康的制度，适应社会关系的发展。例如，不再限制符合法定年龄的在校大学生结婚，但结婚后的问题，值得高校深思和商榷，在制度的完善过程中，适当对婚后可能产生的问题进行建章立制，在满足学生正当权利的同时，也应让其遵守学生在校的要求。

三、加强竞争激励机制

高校学生管理制度的作用，不仅是管理学生的保障，还是人才培养的垫脚石。2017 年的《规定》的进步是有目共睹的，根据国家的整体部署和精神，支持大学生创新创业，所获得的专利、论文及创业成果可折算为学分，这既满足了想创业学生的实际需求，也激励了学生在完成学识教育的同时，发挥自己的特长。适当地促进竞争激励机制的完善，有助于学生的良性向上发展。竞争激励机制是指人们为了自己的利益而与别人竞赛争胜，激发和鼓励人的行为动机的心理过程。通俗地说，竞争激励就是调动人的积极性，焕发人的内在动力，使其朝着所期望的目标前进。对于国家层面的《规定》应有宏观的标准和方向，以免学校层级的伸缩性变大。

第一，应规定品学兼优的困难学生可申请生活补贴。国家及高校为了促进学生的学习进步，帮助生活困难的学生更好地完成学业，设置了许多奖助学金政策，以便帮助学生实现学习任务和目标。除此之外，应根据高校所在城市的生活水平，每月给予品学兼优的困难学生生活补贴，以此来帮助想学习、能学好的困难学生完成学业。

第二，大力支持学生创新创业，给予经济支持，并规定高校应配套考核与评价体系。教育部对支持学生创新创业，给予了明确的政策支持，并且规定学生的专利、论文及创业成果可以折算为学分，在以后的完善修订中，进一步完善将经济支持作为正式文件予以规定，争取获得地方教育部和高校的物质和精神的双重支持。当然，对于学生的创新创业的认定和资助，应有相应的配套考核政策，大力支持学生的学业发展的同时，也要注意不能让学生在实施过程中投机取巧。

四、建立咨询、监督、评估一体化架构

2017 年的《规定》把学生申诉单独成章，这说明高校学生管理正在向法制性、服务性、专业性发展。但随着时代的更迭，"00 后"大学生有自己独特的见解，更关注自身的发展和切身利益。因此，高校的传统式管理早已不能满足日益发展的高等教育，这也是推动《普通高等学校学生管理规定》不断修订的内在动力。目前的管理模式，应逐渐走向管理共享的格局。高校在管理过程中，应考虑到国家、高校、教师、学生、社会等各方面的利益平衡。他们对学校的发展都具有发言权，特别是高校的教育对象——学生，使学生在公平有效的环境里成长、成才是管理制度完善的重点目标。因此，在管理过程中，除了以处分与奖励的方式并行，还应为学生搭建起沟通咨询便利、监督完善、评估有效的管理体系，提升高校管理的效率。

制定制度是教育改革的必然，"把权力关进笼子里"是高校学生管理的有

效途径，这同时是考验高校管理者的管理艺术和勇气。高校在制度的保障下，如何做到"以学生为本"，时刻关心学生利益，在制度中规范和完善是必经之路。高校该怎样行使教育部赋予的自主管理权，在管理制度中为学生设立咨询服务，科学有效的监督方式和评价评估体系。制定的制度除了使相应的规章与其配套齐全，还要使之落到实处。将学生管理制度的价值关键体现在"用得上"上。为此，应该做到以下几个方面：①引入咨询服务，设立专业化管理咨询人员；②落实执行和监督制度，有助于把控高校行政权力；③建立评估反馈机制，对学生管理制度体系能起到合理监督和更新的作用。

第六章　高校学生管理模式的探索创新

新时期，高校传统的学生管理模式已经不适应社会的发展。因此，创新高校的学生管理模式是当前高校亟须解决的问题。本章分为高校学生管理模式的反思与创新、高校学生管理模式创新的基本原则、高校学生管理模式创新的途径探索三部分。其主要内容包括高校学生管理模式的反思、高校学生管理模式转变特征、高校学生管理模式的创新等方面。

第一节　高校学生管理模式的反思与创新

一、传统高校学生管理模式的反思

总体而言，自中国有高等教育以来，传统的高校学生管理模式就是典型的行政型管理模式。无论是清末的京师大学堂，还是民国的各类高等院校概莫能外。特别是新中国成立后，国家对教育实行高度集中统一的计划管理，教育计划与国民经济建设计划紧密相连；学生就学全部免费，工作由国家分配；高校学生工作的通常做法就是从学校的条条框框出发，要求学生去适应各种各样的规章制度和教育管理方式，各项计划和管理比较容易脱离实际。

行政型管理模式是利用行政方法进行管理的一种模式，它强调按照权威性的法律法规和既定的规范程序实行管理。这种管理模式具有集中统一、有章可循的特点，可以避免各行其是、任意行事，在我国教育发展史上起过非常积极的作用。但其在具体的管理过程中也逐渐产生了一些不容忽视的问题，主要表现为以下几个方面。

第一，高校与学生之间的关系定位为特别权力关系，在这种管理和服从关系模式下，学生成为师生关系中被动接受知识传授和管理的一方。在计划经济体制下，学校是直接依据国家计划来办学的，学生从踏进大学校门起就被限定在一个严格的专业中，直至毕业国家为其分配工作。除了按部就班地掌握本专业已经为他设定好的学习内容，很少有机会按照个人的意愿和特点去自主学习，选择职业、工作地点等。

第二，过于强调外在规范管制，对学生自我约束的引导不足。目前，多数大学的校、院（系）、班三级学生管理的工作重心是用严格的校纪、校规来规范、约束学生的行为。以一种管束学生的强制性态度和检查、监督的方式对待学生，忽略了启发、引导学生的自我管理意识和自我约束能力。在这种管理方式下，学生缺乏参与管理的积极性和自我管理的主动性，那些外在的各种社会规范，不仅很难内化为他们的自觉要求，还容易引发学生与管理者的冲突，影响师生关系的和谐，并使管理工作的效率大打折扣。

第三，重管理，轻服务。不可否认，一直以来，我们在高校管理的实践工作中都强调高校学生管理包括规范（管理）学生和服务学生两大方面。但是在具体操作上，我们更多地强调了管理，管住学生成了学生管理工作的原则，而为学生做好服务往往流于形式或不尽如人意。

第四，传统的能力评价观束缚了学生的自我发展。传统的学生管理体现出要求整齐划一、大一统的思想倾向。对学生的评价、鉴定、奖励、就业推荐等一般是从相对固定的几大方面着手，以学生平均状况为基准，把每一个学生的相对成绩、表现划分等级，这种评价会给学生这样一个意识：考试分数高的同学就是能力强的学生，考试分数高就会有好前途和更多的发展机会。这种重统一、轻个性的模式化管理目标显然不利于学生主体结构的充分发展。

第五，学生管理法治化程度较低。近年来，尽管依法治校、学生管理法治化的观念已经深入人心，社会各方面对依法治校、学生管理法治化已经多有论述，国内教育学、社会学、法学等各学科的学者也从不同的角度和不同的深度做了许多研究，取得了一定的成果。但是，研究者的目光大多集中在如何加强制度建设、加强学生权利保护、学校管理方式和方法、各参与主体法律意识教育等方面，大多属于宏观范畴的思考，对于学生与高校间的关系属于何种法律关系、各方权利和义务内容如何以及如何才能做到学生管理法治化等基础性、结构性的问题，并没有更多的深入研究。

在传统的学生管理模式下，对所有学生实行标准化、统一化管理，抹杀了学生的个性。受此影响，传统的教育模式习惯于让学生处于被动、从属地位，把学生仅仅当作受教育者，这显然不利于创新人才的培养。

在传统的学生管理模式下，学生的教育培养呈现出以下特点：①重知识，轻能力。传统教育模式忽视学生能力的培养，对学生的教育评价缺乏科学性，使分数成为衡量学生的根本标准，造成了高分低能现象的出现。②重智育，轻德育。传统教育模式过分地把学生的智力发展放在优先位置，甚至不惜降低对学生其他方面发展的要求，导致学生的发展不均衡、不全面。③重共性，轻个性。传统教育模式对学生实行规模化、批量化培养，使许多学生的学习潜力得不到深入挖掘，同时又使许多学生受到强制性淘汰，得不到最适合自身的教育。④重过程，轻结果。传统教育对同一年龄段的学生实行统一入学、统一毕业的"工厂化"教育模式，过分注重程序与步骤的统一，忽视了学生个体差异对学习成绩和教育效果的影响，不能做到因材施教、因类施教。⑤重灌输，轻引导。传统学生观认为教师和学生之间是管理者与被管理者的关系，学生被要求无条件地接受学校的教育管理，学生的学习自主权得不到尊重。与此同时，学校在对学生的教育管理过程中，对一些日常性的事务统得过多，但对于学习方法、学生心理、就业择业观念等却缺乏必要的引导。

第六，学生管理工作模式过于单一。目前，高校学生管理工作已经取得了一定的进展，但是不可否认的是，高校学生管理工作依然存在着管理模式过于单一的问题，对学生的差异性重视不够。高校学生管理工作应该以学生为中心，充分尊重学生的个体差异，通过多样化的方式来推进学生管理。但是，由于师资力量和资金设备的限制，目前高校学生管理工作模式还相对单一，对于学生的差异性尊重不够，存在着所有专业一刀切的管理问题，对不同的专业和地域的学生未能进行精细化的掌握和了解，未能采取不同的管理方式和方法，而是采取统一的管理模式，对学生的管理以约束性为主。

对于不同年级的学生，没有考虑他们成长过程中的不同特点，而是统一地进行管理，对于不同年级、不同专业，实行一个管理模式和方法。这种统一的管理模式虽然有利于学生管理工作的开展，但是会导致管理工作缺乏针对性。

二、高校学生管理模式的创新

（一）基于工学结合模式的学生管理工作

1. 工学结合积极性不高的原因

工学结合模式的应用主要是让学生一边学习一边工作，将工作与学习充分结合。但是，现实中学生参与工学结合的积极性不高。主要有以下三个方面的原因。

（1）学生方面的原因

现阶段，大学生以独生子女为主，生活条件较好，一些学生发现实际工作条件比较差，就会产生抵触情绪，进而消极怠工。在进行学生管理工作的过程中，发现很多学生还没有做好参与工学结合的思想准备，他们一直以为工作比学习更加体面、更加轻松，但在具体的工作实践中，却发现真实工作并非那么简单，甚至可以用艰苦形容，所以心理落差非常大。这也是导致学生参与工学结合积极性不高的原因。

（2）企业方面的原因

随着我国市场经济体制的不断完善，各行各业的市场竞争压力也越来越大。面对激烈的市场竞争，很多企业都在想办法降低经营成本，提高利润。而企业与高校进行合作，参加工学结合模式的人才培养，目的之一是降低企业的用人成本，但学生的流动性非常大，所以企业并不愿意花费大量的时间和精力对学生进行教育与培训，对学生的管理也不到位。

（3）高校方面的原因

大多数高校针对参与工学结合的学生有一套管理制度，针对没有高质量地完成工作任务的学生，也制定了相应的惩罚措施。但这些措施不够完善，不能有效调动学生参与工学结合的积极性。

2. 工学结合模式的应用策略

（1）召开实习动员大会

在高校学生管理工作中，要想有效应用工学结合模式，就必须在学生正式参加实习之前召开实习动员大会，对学生进行系统的动员教育。虽然高校的大多数学生都十分认可并且支持工学结合模式的实施，但是也有个别学生持有怀疑或消极的态度。通过召开动员大会，或者与这些学生进行一对一交谈，不仅能够让学生充分了解工学结合模式的应用意义，还可以让学生了解自己的定位和处境，更可以让学生了解参与工学结合学习的目的是要从实际工作岗位中获得工作经验，将自己在学校中所学的理论知识应用到实践中，提升自身的实践技能，为自己未来的就业打好基础。

高校也可以邀请一些企业中的成功人士或者往届优秀毕业生，在工学结合动员大会上发表演讲，向即将奔赴实习工作岗位的学生传授一些工作经验及注意事项，引导这些学生摆正心态。这样可以为学生完成相应的实习工作奠定基础。

（2）深化校企合作

在高校学生管理工作中，要想有效应用工学结合模式，必须要深化校企合作，与企业进行深入沟通和交流。在工学结合模式实施过程中，学校和企业要加强合作，发挥各自的优势，共同做好学生管理工作。企业做好学生管理工作，可以提升组织工作效率，借助学生的朝气激发企业的活力。

高校可以针对企业提出的用人需求进行工学结合活动安排，或者邀请企业的一些工作人员参与校内的教学工作。而针对大学生的考核与评估，也可以将高校内部的考核评估制度与企业对员工的考核制度进行结合。

（3）充分发挥指导教师的作用

高校要想有效应用工学结合模式，做好学生管理工作，必须充分发挥指导教师的作用。在学生开始参加岗位实习工作后，高校应安排一名专门的指导教师与企业管理人员进行沟通，到现场加强对学生的指导。

（二）基于自主管理模式的学生管理工作

1.健全学生自主管理制度

制度建设能够有效地避免班级自主管理的随意性，做到有章可循，保证管理的规范化、有序化。学校根据本校的实际情况，充分采纳各方意见，制定本校的自主管理制度。落实到各班级，班主任和学生共同研究制定出适合本班的自主管理制度。良好的激励机制能够充分调动师生参加自主管理实践的积极性，从而实现教育的目的，促进学生的自由全面发展。

在实行激励机制时，应该坚持"以人为本"的理念，充分考虑各方的需求，制定出一套为大多数人所能够接受的、有效的激励机制，同时也应该考虑个体的差异，实行差异化的奖励机制，充分调动师生参与自主管理实践的积极性。

2.增强学生自主管理意识及营造良好氛围

加强班级文化建设，形成良好班风。在班级中形成"自我教育、自我管理、自我提升"的班级风气，让每一个学生对自己的成长负责，营造班级自主管理的良好氛围。

加强学生职业理想教育，制定切实可行的职业生涯规划。学生习惯于班主任、教师、家长的大包大揽，进入学校后，很难适应新的管理模式，没有学业的压力，很容易陷入迷茫中，出现动力不足、行为习惯差等问题，需要班主任进行引导。及时帮助学生进行自我分析，树立职业发展目标和职业理想，以此来规划自己的学习和实践，在目标的实施过程中，提升学生的自主管理能力。

开展班干部竞选、模拟实践、社会调查、社会服务、志愿者活动、社团活动、专业实习等，让学生积极投身实践。在实践活动中，提升学生的自主管理能力。

3.注重学生自主管理核心队伍培养

随着"00后"学生进入高校，越来越多的班主任感觉到班级管理的难度，"教师只有处处以身作则，让学生感受到教师在课堂中的魅力，学生才能服从于教师的安排，真正按照教师的引导去形成自主管理能力。"首先，"00后"学生的班主任要不断去充实自己，从容地应对新的管理模式。班主任在管理学生时，一定要注重思考，对于育人过程出现的问题进行探索，积极寻求理论和实践帮助，认真进行学术研究。其次，班主任要积极参加培训，提升自主管理能力。最后，班主任可以参加比赛，通过比赛的方式，改进自己教育理念、教育方式，积极进行教育的尝试。

4.搭建学生自主管理校内外实践平台与机构

在现有的管理模式下，高校"00后"学生接触企业的机会比较少，他们很难明白自主管理的重要性和必要性，通过多样的校企交流，可以从理论上增强学生对自主管理的认知，提升他们的积极性。高校校内实训基地践行开放式学生自主管理与学习模式，提升实训基地的利用率，促进学生综合能力的提升。在建设校外实训平台上，邀请企业领导进校园。通过讲座、论坛等形式，增加学生对专业的认知，明确努力的方向，增强自主管理的动力，引导学生为了未来的职业发展而努力奋斗。此外，还可以带领学生走访企业。通过调研、走访、实地考察，增加学生对企业管理的了解，明确企业对于人才需求的标准，增强学生自主管理的目标与针对性。

第二节　高校学生管理模式创新的基本原则

一、尊重学生自我实现原则

（一）满足学生不同层次的需求

人本主义从根本上讲就是以人为本，而人本主义教育基于对人的终极意义的追求，对人的价值的关怀和自我理解的关心，它强调人的情感、审美和对无限与永恒的体验。注重学生的内心世界、主观世界的发展变化，深入挖掘主体的内在需求、情感、动机和主观愿望，从满足主体生存需求的角度来开发其学习的潜力。

学生的需求是多方位的，但传统教育尤其是我国的应试教育过分看重学生的学习成绩。这种学习几乎总是读、写、算的基本技能训练，而对于学生内心的感受、态度和表达能力、审美能力以及处理人际关系的能力，几乎很少涉及。人的发展的本质，是内在潜能在后天环境中的充分实现，"自我"或"自我实现"，是人类与生俱来的动力，并且是在个体成长过程中通过不断地与其所处的环境相互作用而逐渐形成的。一旦形成了"自我"，就意味着他将自己与所处的环境分离开来。由于在这一过程中始终伴随着外界的各种评价，包括积极的评价和消极的评价，所以，整个世界或社会就对这个人的成长产生了极大的影响。

学生是独立自主的个体，学生的发展、成长应与自身相比，看自己是否比以前有进步。学生管理者在考虑到学生个体差异的同时，应依据一定的标准，给学生一个客观公正的评价，使学生正确地认识到自己的学习情况，有没有达到自己预定的目标，今后应怎样努力，并掌握正确的自我评价方法，提高学习的自觉性，成为学习的主人。同时，教育目标既包括知识和认识能力的发展，也包括情感的发展。因此，学生管理者对有人格缺陷的学生进行教育时要注意情理结合，首先要分析导致其人格缺陷的原因，对症下药，制定教育策略；其次要耐心细致地做思想工作，动之以情，晓之以理，听其言，观其行，逐步培养学生健全的人格。

面对当代社会的迅速发展，教育的目标应该是促进学生的发展，其中，包括知识和认识能力的发展，培养能够适应变化和学会学习的个性充分发展的人。随着高校学生学习环境的转变、学习媒介的进步、交流手段的变革等客观变化，应提倡以学生的自由和全面发展为教育的终极目的，创造宽松、自由的学习环境，一改传统教育只能端坐课堂、让学生倍感枯燥和乏味的状况，以激发学生的学习兴趣，提高学习效果；教会学生如何学习，使学生懂得利用先进的媒介获取知识，有利于学生的主动发现、主动探索，有利于学生发展联想思维和建立新旧知识之间的联系。

（二）鼓励学生参与管理工作

学生作为高校管理工作的重要主体和积极参与者，其参与管理的状况如何是衡量高校管理水平的标志。尽管我国许多高校都为学生提供了如勤工俭学等参与学校管理的机会，但其深度和广度都很不够。而在美国高校，学生管理在很大程度上依靠学生本身，尤其在宿舍管理方面。学生宿舍一般都设 AD（assistant director，主任助理）1 名，他是宿舍楼主任的助手、学生管理员的召集人。每一个楼层设 RA（resident assistant，居民助理）2 名，其职责是对自己所在层的学生会工作进行指导；召集每两周一次的全层学生会议，每两周至少组织一次全层学生活动；督促这一层的学生遵守学校和宿舍的规章制度；进行房屋管理；解决本层学生提出的各种问题。

每个宿舍还设 ARC（academic resource coordinator，学术资源协调员）1～3

名，他们的任务是对学生进行学习方法的指导、学习资源的咨询，在宿舍内组织各种学术讨论活动。学生管理员除了完成各自分管的工作，还要参加前台值班及宿舍楼内外的安全巡逻。美国各高校学生宿舍都有 AD、RA 和 ARC 且由来已久。这些学生管理员的选拔一般都采用公开招聘的方法，先自愿报名，后经过面试，选拔对象是二年级以上的学生（包括研究生）。条件很严格，担任 AD 必须要有担任 RA 的经历；无论是担任 AD、RA 还是担任 ARC，都有对学习成绩、表现及能力上的要求。被录用的学生管理员只有在经过暑期正规培训后方能上岗。

在美国高校，学生参与管理的范围很广，除了上面讲到的学生宿舍，还涉及对其他方面的管理，校园里到处可见学生工作人员的身影。例如，食堂里有学生经理和学生工作人员，图书馆里有学生管理员，各办公室有学生秘书，全校所有的计算机房都由学生在担任管理员和咨询员进行管理和咨询，全校各大楼的前台接待人员大部分是学生，在校园里进行安全巡逻的人员大部分也是学生，学校商店的售货员、电话总机接线员等有不少也是学生。美国学生参与管理的程度也很深。从某种程度上讲，美国学生管理员实际上充当了管理员、顾问和教师这三重角色，他们在许多方面起到了专职人员的作用。

相比之下，我国高校的大学生参与管理主要还是以参谋的身份，起监督作用，即使直接参与管理，任务也比较单一。

我国高校要想较大范围或较深程度地组织学生参与管理，尚有一些困难。一是观念上的障碍。不少管理者认为大学生参与管理从理论上来说是一件好事，但在实际中不一定行得通，他们主要担心学生的素质。建议学校的领导和各主管部门一定要克服对大学生不满意、不信任、不放心的思想，要从培养人才的高度支持学生参与管理，主动接纳大学生。此外，学生自己也需要改变观念，长此以来，许多学生一直存在依赖思想，在家依赖父母，在校依赖教师和管理员，缺乏自理的观念和自我管理、自我服务的思想，如果这种观念和思想不改变，对参与管理就没有积极性。二是客观条件不允许。现在不少高校教职工都处于满员或超员的状态，在这种情况下很少会去考虑加大学生的参与程度。

二、刚柔相济原则

（一）刚柔相济的内涵

从词语的角度理解，刚柔相济就是刚性和柔性相交，用在高校作为一种教育管理方式，就是指学校对学生的管理既要讲规章制度，又要讲人情味，多和学生沟通交流。因为只有青年学生苗壮健康地成长，我们的国家才有希望，出色的大学生是祖国的未来。要高度认识到高校采用刚柔相济管理模式的意义，做好学生各方面均衡发展的工作，找出有针对性的管理办法。

刚柔相济中的"刚"是要规范性地提出大学生应该遵守的准则，对学生严格要求，以规范合理的规章制度来对学生的一言一行加以约束，促进学生健康成长。刚性管理包括依法管理、班级制度建设管理及校纪校规管理。

刚柔相济中的"柔"是对刚性管理的一个很好的辅助手段，如果刚性管理是硬的一面，柔性管理就是软的一面。以人为本是它的核心思想，即从学生的角度看问题，为学生服务。

（二）刚柔相济原则的应用

1.构建明确的管理目标

刚柔相济是一种全新的学生管理模式，不能只是喊口号，而是要真正落到实处。其中，最重要的一点就是要确定管理目标，把握好分寸，帮助学生调整心态，引导学生学会换个角度想问题，从而能够达到有效教学的目的。基于此，学生管理就是要把学生放在主导地位，帮助学生养成认真学习、严谨做科研的良好习惯，安排好每天的课程，灵活运用教育管理办法。此外，还应融合柔性管理手段，在和校规校纪不冲突的前提下多关心学生的身心健康，加强师生互动，用社会主义核心价值观教育学生，引导学生树立正确的三观。

2.刚性管理和柔性管理应互相结合

刚柔管理不应是各自独立的，而是相互补充的。如果学校只采取其中一种手段进行管理，就不会达到最佳效果。例如，只死板地对学生强调规章制度，会造成学生的逆反心理，引起学生的反感；而如果只一味地对学生讲人情，就会失去规章制度的严肃性，最终的结果都是导致学校的教育管理没有达到最初的目的。所以，高校的教育管理就应刚柔相济，尤其在大一新生刚入学的时候要对他们强调规章制度，一切都要按规矩办事。

第三节 高校学生管理模式创新的途径探索

一、管理层面的创新途径探索

（一）高校教师要具备人性化思维

在传统的管理模式下，高校教师需要花费大量时间和精力在学生管理工作上，且无法达到细致入微的管理效果。高校学生缺乏一定的社会经验且思想不够成熟，却不愿意寻求学校和教师的帮助，希望依靠自身的力量解决问题。教师应充分认识和了解学生存在的这种思想，能够及时发现并解决学生在思想和行为上存在的问题，善于利用网络手段，实现对学生的人性化和精细化管理。

例如，可以通过网络社交软件，与每个学生建立即时交流的渠道，学生在学习和生活中遇到的问题，可以随时与教师进行沟通和交流。此外，教师应通过学生资料及日常表现，掌握每一个学生的性格、特长、家庭情况等基本信息和个人情况，针对不同情况的学生采取不同的管理方式，实现个性化的学生管理，最大限度地提升学生的个人能力和综合素质。

（二）高校教师要具备班级管理能力

积极心理学的显著特点是特别重视人性中积极的方面，积极心理学关注的重点不是如何治疗心理疾病或解决由此导致的某些行为上的问题，而是要帮助更多心理健康的人形成良好的心理品质和行为模式，从而获得幸福感。

积极心理学在心理治疗和教育领域被广泛应用。基于以上大学生表现出的心理特征及其形成原因的分析，在大学生班级管理中渗透积极心理学的理论和方法十分必要，且意义重大。

1. 加强思想政治教育

积极心理学认为，培养积极的思维方式，进而培养积极思考的技能，有助于养成积极的行为模式。这与马克思主义哲学中关于强调内因对事物发展起决定性作用的哲理相契合。

因此，大学生的班级管理要不断加强思想政治教育，充分发挥班会、团建、党建、思想政治课等教育阵地的思想政治教育功能，深入挖掘这些教育阵地的思想政治教育教学资源，引导大学生树立正确的世界观、人生观、价值观，使学生养成积极的心理习惯，激发学生内在的精神动力。培养积极心理习惯的核心是让学生产生正向积极的自我评价，完善自我意识，既能认识到自己的优点，又能看到自己的不足，并能在面对自身问题和不足时保持平常心，能够以积极的心态面对心理危机、学习和生活中遇到的困难。思想政治教育重在实现学生自我管理和自我教育能力的提升，做到外在约束和内在约束同向发力，加强学生自发学习的意愿，从而达到事半功倍的效果。

2. 注重正向能力培养

正向心理能力是个体顺利完成某种任务的基本心理条件。有了积极的心理状态，能够积极面对内在和外在的各种危机、困难，具备解决危机和困难的心理能力，这种正向心理能力包括挫折耐受力、情绪调控力、幸福获取力等。辅导员、班主任在日常管理中要多和学生保持沟通，对学生多一点关心、指导和鼓励，及时做好危机干预，通过日常的关心和鼓励、处置方法的指导、危机中的适当帮助，使学生逐渐形成心理韧劲、学会自我调节、获得成就积累。

同时，还应多措并举，帮助学生建立坚定的自信心。在学生管理过程中，高校教师切不可放任学生的自卑心理、懒惰心理等，使其放弃自我，必须要帮助其扭转自身学习态度，通过教育、引导等一系列方式帮助学生养成优良的学习习惯。所以，高校教师必须要进一步强化学生的自信心，其中，最为有效、直接的方式便是通过合理的方式强化学生的技能，提高其创新能力及就业能力。

3. 强化家校联动共育

父母和家庭对于学生成长、成才的重要性不言而喻。大学生在综合素质修养上相对较差，在管理上存在一定难度，家庭教育的缺失或不足对此负有一定责任，同时，学校和家庭是学生成长的两个重要场域，家庭教育对学校教育本身具有重要的补充作用。

在班级管理中如果遇到问题，辅导员与班主任必须及时与家长沟通，一方面，可以向家长沟通学生好的表现，让学生获得家长的肯定和鼓励，心理学研究表明，学生获得的"社会支持"（鼓励、肯定等）越多，越有助于激发其上进心，积聚正能量，养成良好习惯；另一方面，对学生遇到的问题也要及时告知，获得家长的支持和理解，共同帮助学生纠正错误或化解危机，真正让家庭成为学生遇到困难时的避风港和能量站，而不是压垮他们的"最后一根稻草"。

4. 创新就业指导模式

目前，大学生的就业压力相对更大，所以一般职业规划和就业指导相关课程在高校是贯通整个教育教学阶段的，并且在大学一年级时就开设相关课程。但通过对某些高校的调研，结合业内其他人的前期研究成果，高校在职业规划和就业指导实际教育教学中普遍存在重视不足和实践教育不够等问题，成效与理论设想相比并不理想。要加强对辅导员、班主任队伍关于大学生职业规划和就业指导方面的教育培训，强化他们这方面的意识和能力，并在班级管理中适当融入职业规划和就业指导的相关内容，创新培养模式。在做好国家和地区就业政策宣讲、就业形势分析、就业技巧讲解的基础上，邀请优秀校友或企业优秀代表、能工巧匠等为学生举办讲座，把榜样引入校园、引入教室、引入班级管理、带到学生身边，榜样的示范作用和实例宣讲帮助大学生了解就业渠道、择业方式，传输更注重技术技能培养的学习理念和社会需求，消解学历焦虑，树立就业的信心，培养他们正确的就业观、择业观。

5. 实施柔性化班级管理

把柔性管理融入班级管理中，改变以往的刚性管理模式，弥补刚性管理模式的缺陷，既是教育管理制度改革与发展的需求，也是当前高校班级管理工作的需求。

（1）建立刚柔结合的科学班级管理制度

1）健全奖励和处罚制度

部分高校学生不够自信，这就要求我们在日常的班级管理工作中对他们多加鼓舞和激励。此外，还有一部分学生性格易冲动、暴躁，做事不顾后果，不具备独立辨别能力，对于这部分学生，应当给予适当的约束甚至处罚。

在具体的班级管理工作中，辅导员制定了奖惩严明的班级管理制度，每学期初都会让学生制定自己的学习计划和学习目标，并时常督促他们朝着自己的目标努力。到学期结束时，辅导员会对完成目标的学生进行多种形式的表扬及奖励；同时，也会对部分无法按时完成目标的学生给予一定的批评甚至该有的惩罚。

建立健全班级管理的奖励和处罚制度，并将柔性管理理念融入其中，不仅可以使学校的风气得以公平、公正地体现，还能够激发学生学习的积极性。所以，作为学生管理工作的实施者，辅导员在对学生进行奖惩时尤其要关注以下几个层面：首先，惩处过程要公开、公正和透明。要让更多的学生参与其中，让他们从内心接受学校给出的奖惩措施。其次，有令必行，有禁必止。必须严厉对待被处分的学生，紧跟制度条例的步伐，这么做才能够有效避免错误行为的发生。再者，动之以情，晓之以理。注重情感教育，重视对学生精神上的奖励，并对广大的学生给予充分的支持及鼓励，适时的奖励有利于推进学生管理工作的开展。最后，因人而异，因事而异。深入了解学生的生活背景、性格差异，对于不同的学生，不同的事情，要区别对待，巧妙地利用奖励和惩罚措施。

2）营造奋发进取的氛围

在具体的学生管理过程中，如何对学生的实际现状进行准确的评估，并采取合理有效的措施对学生进行激励，让学生的自我潜能能够得到释放，是一件比较困难的事情。大学生自我约束控制能力较差，而他们又缺乏自信、自制能力也不是很好。在这个阶段，他们的人生观和价值观都已基本成型，所以如何开导这些学生让他们重拾信心对管理人员来说十分重要。

大家都希望被尊重被公平对待，每一位学生都希望能得到身边人的支持、认可。管理者应该本着重肯定、轻否定的原则对学生进行评价，评价他们的时候要落实到每一次的进步，这样的肯定既会使学生具有准确的是非观念，也能够使他们更自信。所以，辅导员在管理时要不断地对学生给予鼓励和支持，让学生的进步能被看到且被重视，显著增强学生的自控力，让他们感受到成功的快乐，不断营造奋发进取的氛围。

（2）树立柔性管理理念

1）转变传统管理理念

随着现代教育的改革与发展，原有的刚性学生管理模式亟待改革。现有的学生管理模式更加注重以学生为本，更加强调柔性化管理理念及管理模式。在传统的刚性管理模式下，辅导员能直接对班级规章制度、班干部任免等相关活动进行管控，没有以学生为主体，忽略了学生的需求。

显然，上述情形与柔性管理理念有着较大的差异，与柔性管理的整个理念是相悖的。在具体的学生管理工作过程中，管理者应该能够充分尊重学生的个体差异性，不断与学生进行沟通交流，让每一位学生都能够畅所欲言，对班级的相关管理工作提出建议，让学生都能够成为独立的自我约束的个体。柔性管理在具体的操作过程中既要对学生给予充分的重视，又要对学生的个性进行全面化的培育及引导；师生间相互尊重，学生间相互关爱，构建一种良好和谐的班级氛围。

另外，在选择班干部过程中，辅导员应把工作根植于学生群体，激发学生的积极主动性，让学生能够主动参与相关班委评选工作，避免直接指定，充分考量学生的实际情感诉求。同时，辅导员需要有针对性地对备选干部从素质、能力、知识等不同侧面深入了解，班干部应该有更强的服务意识及服务理念，能够与学生进行充分的沟通及交流，不断提高其服务管理意识。

高校学生的专业水平以及知识储备个体之间的差异明显，所以要想管理好班级，就需要教师根据实际情况了解学生群体及个体的特点，不断调整管理策略。通过到学生中去看一看、听一听、谈一谈，掌握大量第一手资料，并及时解决学生管理过程中存在的问题。管理制度并非一成不变的，可以根据需要适时调整。针对不同特质的学生，需要采用不同的管理方法。对于那些学习能力不是很突出的学生，我们应该给予充分的鼓励和支持，让他们能够主动克服自卑心理，逐步增强自信心。反之，对于有些脾气暴躁、易怒、逆反心理强的学生，则需要多采用倾听、安抚和引导的方式，使学生亲其师、信其道。即使这部分学生犯了一些小的错误，也不要站在他们的对立面对其进行责备，而是从情感上接纳他们，给他们更多的关怀，教他们该怎样做，不该怎样做，怎样做才会更好。以学生的心理需求为出发点，对他们进行宽严相济的教育。不断地鼓励和关心，让学生学会如何及时改正错误，从而彰显柔性教育的优势。

在柔性管理过程中应该采用现代化的管理策略与理念，通过了解学生的思想及情感活动，不断挖掘他们的潜能，尽可能地让他们发挥自己的长处，帮助他们树立自信心。例如，对于性格活泼但不爱学习的学生，他们的主动性、创造性一般较强。教师在给他们讲解基础学习重要性的同时，要适时地切入学生的兴趣点，调动他们的积极性、主动性，让他们尽可能地发挥自己的优势，使自身的长处能够得到发展。

2）坚持以学生为中心的理念

柔性管理倡导以学生为中心的管理理念，强调学生是发展中的独立的人，这就要求教师以学生为管理主体，站在学生的角度思考问题。另外，在日常的教学管理或学习生活中，教师应该充分尊重学生的实际情感诉求，尽力维护学生的尊严，课后认真听取学生的意见，在具体的管理过程中，应该学会倾听学生的心声，对存在的问题，应给予及时合理的建议。由于学生之间的专业知识、个人素质等都存在着较明显的差异，不能仅仅依靠死板的硬性规定对班级进行管理，而是需要坚持以学生为中心的理念，针对不同的情况采取不同的措施，使教师在学生心目中形成良好的形象，这样才能够保证相关管理工作的顺利开展，不断提高班级管理的质量。

（3）构建柔性管理文化

1）建立柔性校园文化

校园文化体现了学校的文化特点和它与众不同的魅力，同时成为师生相互沟通的桥梁与纽带。柔性校园文化的建立，能够较好地引导学生自我管理和促进学生个性化的发展。在校园中开展柔性管理，能够显著增强班级的凝聚力，提高班级管理工作的工作质量及工作效率。

构建柔性管理校园文化，需要做好几个方面的工作：①要熟悉高校学生的思想水平、成长特点、发展目标等，鼓励教师积极参与计划的制定及实施，全程跟进，共同努力构建校园文化。②在建立柔性管理校园文化的过程中，教师不能忽略学生的专业区别，结合学生们的实际专业，积极主动地开展各种类型的校园活动或者技能大赛。通过组织活动，逐步将柔性管理内化为学生的动力来源，从而做到学生自我管理能力和集体荣誉感的稳步增强，进一步促进班级管理的良性发展。③辅导员在具体工作过程中，应将学生作为构建校园文化的主角，多与学生沟通交流，在学生中发掘素材，引导学生积极主动地制定方案，以主人翁的身份参与到柔性管理校园文化的建设中。

2）塑造柔性班级精神

柔性规范既可以充分发挥学生的个性、促进学生个性化的发展，又能培养学生积极进取的精神。它能将广大学生团结凝聚在一起，彼此形成合力，而且有利于学生将个人的思想情感、班级精神进行有效结合，显著激发学生的团体合作及协作意识，使每一位学生都能够为了建设良好的班级作风而积极做出自己应有的贡献。

（4）充分调动学生主观能动性

1）实施柔性决策，鼓励学生参与

在管理班级时可以实施柔性决策，就是每一个人都可以参与其中，将部分管理权限下放，让学生都能够积极主动地参与管理，如班级纪律考查、文娱活动等。

如果对学生的管理过分强硬，完全根据学校和班级的规定对学生进行管理，对他们进行相关惩罚甚至把他们开除会让学校的教育陷入举步维艰的状态。在对学生教育的过程中要结合学生自身的情况进行有效的管理，而不是一味地搬用其他高校的管理手段，坚持应该坚持的，同时要巧妙地进行折中处理，刚柔并济地对学生进行有效的管理。

2）运用柔性策略，做到因材施教

高校学生是一个复杂的群体，学生个体差异较大。管理者要想对他们进行有效的教育管理，就要结合实际情况进行适时的调整，做到差异化管理。班级的管理者要想妥善地使用柔性方法教育学生，就要有足够的耐心和细心，还要有一双善于观察的眼睛，能对学生进行细微观察。此外，要善于运用一些柔性策略，针对不同的学生采取不同的措施，做到因材施教。例如，由于部分学生整体的职业技能以及专业知识储备不足，但他们善于思考、感情充沛、想法新颖、动手能力也很强等，所以在管理大学生时要关注学生的优点，在适当的时候对他们进行表扬和鼓励，使他们不断完善学习能力、遵守纪律、规范行为。

3）增加实践活动，促进柔性交流

高校在具体的发展过程中时刻坚持以就业为导向，在具体的教学及管理过程中采取合理有效的措施，帮助学生全面发展，使其能够满足企业及国家的实际需求。高校的管理人员应该充分借助柔性管理的相关优势，不断地将其应用到各种教学实践活动中，这样不仅可以提高学校的教育教学水平，还可以提高学生的自我约束和自我管理能力，使他们不断调整自己，以适应时代发展的需要。例如，可以开展一系列的志愿实践活动，让学生都能够积极主动地参与其中。活动开始之前，教师与学生之间进行充分的沟通、交流，讨论具体的活动规划以及应该如何进行准备，并对学生的建议给予充分的重视。这样不仅有助于教师对活动进行统一的协调组织，还能够让学生的实际情感诉求得到充分的尊重，彼此之间可以搭建信任的桥梁，整个沟通也会比较顺畅，师生之间以及学生之间的关系将会更加和谐。

二、学生主体层面的创新途径探索

（一）加强大学生的自我管理

1. 了解自我长处

大学生首先要做的事情是了解自己的长处，越早发现对将来的发展越有利。发现长处不能靠闭门苦想，而要通过实践检验并实施反馈分析。所以，大学生要敢于尝试，在大学学习期间要尽可能地涉猎广泛的书籍，在假期时要抓住每一个实践机会。一个有效的方法是，无论何时，只要你做出了一个重要决策或采取了一项重大行动，都要把你期望的结果记录下来。3～6个月后，把实际结果与你的预期进行比较。通过尝试比较，就清楚明了地展现在众多的抉择中，有些事情是自己没有天赋、没有技能干好的。而在某些方面上你却一点即通、上手很快。人生短暂，善于明白自己长处的学生就值得学习自己擅长的东西，从"人流"向"一流"冲刺，而不会在自己能力低的领域里浪费精力，从"非常笨拙"争取做到"马马虎虎"。一个人的成就，只能建立在长处或强势上，不可能建立在短处或弱势上。

当然，一个人的成长是动态的，特别是对于可塑性强的大学生，其具有的长处也是需要不断发展来补充的。长处可以靠挖掘，也可以靠培养。为了更好地生存，人的无限潜能也能帮助自己激发和形成新的长处。因此，寻找长处不是固有的模式和框架，而是不断定期进行反馈分析，把寻找长处、培养长处与发挥长处统一于实践中，才能让长处充分发挥作用而真正成为一种竞争的优势。

在大学，学生在学习生活中难免有诸多抱怨，对自己或其他人总有着这样的不满意和那样的不顺心，这也很正常。也许对很多人来说，当年轻有精力时，却没有做事的外部条件，当外在条件成熟时，可能人老没精力了。但所谓"非才之难，所以自用者实难。"善于自我管理的人，才善于自用其才，才能在广阔天地间让长处充分发挥，抓住机遇，走向成功。

2. 目标管理

在明确了自己的长处之后，接下来就是对目标的管理。"做正确的事比正确地做事更重要"。目标是什么，就是做正确的事。它包括以下两个方面。

（1）设立目标

不想当将军的士兵不是好士兵，作为一名大学生，首先要志向远大、目标明确。设立目标，要把握三个要点：一是你的目标一定要结合你的优点，围绕你的长处来构思。设立的目标，要能强化你的长处，专注于你的长处，把潜在的优势转化为现实的优势。二是目标必须具体，不能含糊其辞，任何人都不可能去实现一个模糊的目标。例如，你打算考某个资格证，打算毕业时考研，并且打算毕业后找一份什么样的职业等，一定要把资格证的名称、考研的专业、职业的性质确定下来。三是目标要适中，既不能眼高手低，也不能自卑自贱。虽古人云："取法于上，仅得为中；取法于中，故为其下。"但我们设立的目标如果太越过自己的知识、能力水平了，那么目标就会成为空中楼阁。

（2）分解目标

目标可区分为长期目标、中期目标、短期目标三类。长期目标要瞄准未来，要把眼光放到毕业后的人生当中；中期目标是当你设定了长期同标后，将它分为两半的目标。若设定一下 10 年期的长期目标，就把中期目标定为 5 年，5 年相比于 10 年，其实现的可能性更大。接着将 5 年再分成两半，直到得到了 1 年期的短期目标时，再按月分下去；短期目标是你应该最为关注的目标，其一般不要超过 90 天，这样能取得更好的效果。通过这样分解，你就可以把有限的精力放到当前的目标中去全力以赴。

3. 自我管理

自我管理最终是要去服务社会、融入他人，而不是一味地管理自我。所以，自我管理很重要的作用和意义是在于它的社会性——学会做事和与人相处。学生经过了大学教育，最终是要进入社会的，所以在大学教育中，在学生自我管理的内容中，重视社会性素质能力的提高是十分关键的。归根结底——学会做事、做人。做事，除了做好事、做对事，还要提高工作效率，以最佳的方式完成工作。做人，除了做好人、做对人，还要做一个成长快、成功快、受人欢迎和敬佩的人。

（1）顺应良好的个性习惯

尽管我们说大学新生是站在同一条起跑线上的，但他们实际上是带着将近20年的人生履历进入大学生活的，一般都有自己的习惯。帮助学生区分他们习惯中哪些是好的习惯，哪些是坏的习惯，并设法改掉坏习惯是非常重要的。起草美国《独立宣言》的民主先驱富兰克林的做法是，把坏习惯开列一个清单，按程度排序，下决心一个一个地改掉，每改一个划掉一个。直至划完为止。对于好习惯，要强化并顺应。例如，在学习方式上，有的人是阅读者，其通过阅读收获最大；有的人是倾听者，其通过倾听收获最大。只要我们能从中学到知识，这两种习惯就都是好习惯。关键在于自己属于哪一类。

（2）合理利用时间

微软公司的比尔·盖茨就把自己的成功归于抓住机会并学会对时间的掌控。大学生最大的资源就是年轻、充满活力。掌控时间，就是要合理利用学生拥有的时间（青春年少）和精力（充满活力）资源去换取知识和能力。我们要帮助学生学会协调两类时间：一是他控时间，如学校安排上课、实验的时间；二是自控时间，即属于自由支配的时间。一个人每天效率最高的时间只有20%，所以要用20%的时间做80%的事情。

（3）借助他人的力量

一件事情的成功往往是多方面合力作用的结果，而我们每个人的能力是有限的。因此，要善于利用这些资源和能力来完成共同的任务，即"聚沙成塔""众人拾柴火焰高"。

（4）善于与人沟通

现代社会处在一个竞合时代。单枪匹马的孤胆英雄基本没有用武之地了。即使是英雄，也要有人支援。大学生生活的圈子较小，人际关系相对简单，但学生要学会把所处的环境看成练兵场，培养与人相处的技巧，学习建立良好人际关系的方法——沟通，只要生活在社会上，就要与人打交道，相互沟通至关重要。要了解别人，也让别人了解自己。互通有无，才会有 1+1 ＞ 2 的结果。要了解别人，就要学会换位思考，站在他人的立场上来分析问题，客观地接受别人的观点。培养自己迷人的个性、得体的衣着、善意的微笑、诚挚的言谈、积极的进取心，从而让别人了解自己，欣赏自己。通过沟通，建立起牢固的人际关系网，为未来发展积蓄能量。

（二）提高大学生的参与程度

大学生参与高校管理，既是其作为教育消费者与接受者的重要权利，又是其保障自身利益的合法权利。与西方国家相比，我国高校中的学生参与既存在学生主体地位被忽视、学生参与能力遭质疑和学生个体意识淡薄等理念性障碍，也存在行政管理机构中的边缘化、学生自治组织中的虚无化等制度性障碍。为了更好地促进高校管理中学生的参与，需要更新学生参与高校管理的观念，完善学生参与高校管理的机制和提升学生参与高校管理的品质。

1. 规范学生参与形式

大学生参与高校管理工作的创新，应丰富大学生参与高校管理的形式。高等院校应健全学生代表参与制度。通过选拔出优秀的学生代表，使其参与到高校管理工作之中，并遵循公开透明、公平公正的原则，结合学生的客观水平及代表群体，细化学生参与高校管理工作的形式。例如，可选择不同学年或不同学科专业具有代表性的学生，保证全校范围内不同学生意见可在代表大会中得到表达，确保不同利益群体的意见表达空间。为确保学生参与高校管理工作的科学性及有效性，高校应对学生进行综合考核，针对其综合素质及履职情况进行定量及定性分析，形成科学合理的考核及评价制度。

2. 转变学生固有管理观念

随着高校管理工作中大学生自身责权意识的加深，首先必须要认识到学生参与的重要性、必要性，一定程度上传授大学生管理的相关知识、经验。同时，高校应建立一个完善的管理制度，当学生合法权益被侵害时，能及时给予帮助和支持。另外，学生自身观念也有待大幅度转变。鼓励学生参与高校管理，为学生提供一个稳定的见习平台，增加实践锻炼机会，从而使学生发现自身的优势和不足，提高综合素质，加强与社会的联系。因此，学生应该更新观念，把握机会，增强主人翁意识，最终为学校的快速发展做出贡献。

3. 完善学生参与高校管理的机制

通过构建与完善相关的学生参与机制，更多地赋予学生参与学校管理的权利，是未来高校管理体制改革的重要趋势之一。

（1）构建并完善高校学生管理听证制度

近年来，听证制度在我国法治建设过程中发挥了举足轻重的作用，把听证制度引入高校中，使其作为保证学生参与学校管理的制度保障，已经引起了人们的广泛关注。目前，我国各高校纷纷建立起学生管理听证制度，探索与学生成长需求相适应的学生参与学校管理制度体系，保障学生参与学校管理的合法权利。

（2）实行高校学生代表大会提案制度

学生参与学校管理是我国现代大学制度建设的要素之一，健全的现代大学制度理应为大学生参与管理提供有力保障，借鉴教职工代表大会模式实行学生代表大会提案制度，也应当成为保证学生参与高校管理的组织保障。

（3）完善学生参与高校管理的规章制度

建立和完善学生参与学校管理的规章制度是学生参与学校民主管理和高校依法治校的制度保障。近年来，国内各高校积极探索推进大学生参与民主管理的途径和办法，努力为保证学生参与学校民主管理提供有力的制度保障。

（三）改变大学生的思想观念

随着社会主义市场经济的逐步发展，高校学生的思想观念呈现出多元趋向的若干新特点。

1. 价值观念的多元化

（1）价值取向的多向化与功利化

高校学生面对经济体制、政治体制大变革的社会环境，每天都在经受着改革开放的洗礼，感受着来自国内外各种政治、经济、文化思潮的影响，"供需见面""双向选择"也迫使他们去推销自己；社会现象和育人、用人的新模式深深撞击着他们的心灵，使他们的价值取向多向发展。突出表现在就业选择上，他们认识到实现人生价值有多条途径，既可以在国内生根开花，也可以到国外拼搏；既可以到党政机关、国有企业工作，也可以到三资企业或私营企业服务或当个体户。其价值取向不愿受羁绊，常言之"不能在一棵树上吊死"，也不希望被其他因素框住。同时，社会上纷繁复杂的经济生活的投射，使他们对个人利益的关注和反思明显增多。在行为中表现出明显的利益要求，外贸、金融、建筑等热门专业成了大学生追逐的目标，不管专业合适与否，不管能否发挥自己的专长，到国外去、到外资企业去、到挣钱多的地方去已取代了传统的到基层去、到边疆去、到祖国最需要的地方去。其价值取向往往以功利为轴线向多向辐射。

（2）价值主体的自我化与社会化

改革开放以来，高校学生在进取精神得到弘扬开拓的同时，自我意识明显增强。他们既赞成个体社会化的道理，又全面重新审视并高度重视自我价值，崇尚价值主体的自我化。他们认为在竞争激烈、优胜劣汰的市场经济社会里，在多元经济成分、多元经济利益、多元经济分配形式共存的社会主义初级阶段，必须凭借自我的主体性、能动性和独立性实现自己的人生价值；进而特别珍视发展自己的个性、兴趣，期望在竞争中表现自己的个性。

当前，以自我为主体的人生价值观在高校学生群体中得到普遍认同，自我设计、自我成才、自我实现的意识已充盈其脑海。因而，其思想行为常处在自我化和社会化的矛盾之中，表现出一种身不由己处于社会大潮中的无奈，而看问题总是从自己的角度出发衡量一切倾向。其价值取向在一定程度上是以自我为中心向多向辐射的。

（3）价值目标的理想化与短期化

每一个考入大学、考上研究生的学生，在心底里都拥有一幅宏伟蓝图。为实现自己的理想，他们对社会政治、经济领域的变革十分关注。但这种关注带有一种重眼前、轻未来的反理想主义的倾向和一种文化近视特征，更多的是追求眼前的社会变革所带来的个人实惠，缺乏长远的战略思考，因而对社会变革和自身的发展表现出急于求成的心态，总是埋怨进程太慢。在知识择重上，往往更注重直接应用于生产、经营方面的专业知识，而对见效较迟却是实现远大理想所必需的基础理论知识则较忽视和冷落。有些人甚至片面地认为社会活动能力，特别是社交能力是一个大学生应具备的首要素质。其价值目标的理想化和短期化两种现象矛盾地共存于一体，心目中追求价值目标的理想化，但在行动中价值取向的短期化行为又显而易见。

2.是非标准的多元化

改革开放以来，高校大学生的是非评价观念发生了重大而深刻的变化，对善与恶、道德与不道德、成功与失败的评价标准不再像过去那么单一。西方种种思潮的不断涌入，更起着推波助澜的作用。他们的观察力敏锐但认识较片面，求知欲强但鉴别力较差，对是非标准缺乏辩证统一的把握能力，往往呈现出多元趋向，甚至处于矛盾之中。这种是非标准多元趋向的一个突出表现是大学生头脑中榜样模式的多元化。传统的先进人物、榜样力量对他们的影响在悄然下降，他们特别容易把与自己的价值取向、理想信念和个性兴趣相同的著名人物作为自己的楷模。

3.思想情感的多元化

高校学生思想情感的多元化趋向集中表现为思想情感的多向、多层次状况：既追求科技的高品位、大贡献，也"暗恋""黄金屋""颜如玉"；既崇尚讴歌劳动，又不太愿意深入基层与劳动人民为伍；既拥护社会主义优越制度，又羡慕资本主义物质文明；既有立志献身共产主义事业的决心，又多种信仰兼容，也不乏个别人对当前主导思想信仰的背叛；往往既有高尚的思想情操，又有低级趣味的腐朽意识；既有进步的思想认识，又有落后的陈腐观念；既有正确、积极的思想情感，又有错误、消极的思想意识。

种种思想观念的多元化趋向，均有其产生的客观经济基础和社会基础。从某种意义上来说，大学校园里思想观念的多元现象，正是社会深化改革、新旧体制更替所引起的社会思想深层反响在高校的奏鸣曲。存在决定意识，在社会主义初级阶段，多元经济体制、多元经济利益、多元经济分配方式的共存，无疑将使人们的思维方式向多元化方向发展。高校学生的价值观念、是非观念和思想情感自然难免呈现出发散型的多元状态。

高校学生思想观念多元化趋向的客观效果具有二重性。一方面，反映出高校学生的思想观念随着社会主义市场经济的建立得到了极大的启迪和更新，优胜劣汰观念、自主自立观念、效益效率观念、民主与开拓精神在高校学生中得到了确立和张扬，使他们对改革开放和我国的社会主义现代化建设事业更加充满了信心，这无疑是积极的有益的效应。另一方面，思想观念的多元和无序则可能导致高校学生的无所适从；无论是价值观念、是非标准，还是思想情感，在根本上只能是一元化而不能是多元化的。否则，自我意识的恶性膨胀将导致个人主义，功利意识的盲目发展会形成功利主义和享乐主义，是非标准的多元和思想情感的多向，会使其政治、道德乃至整个人生的成长与培育失去思想基础和方向目标。

三、环境层面的创新途径探索

（一）依据生源结构实施分类管理

高校扩招，造成个别院校学生公寓、生活配套设施等基础设施面临压力，对高校的后勤服务保障工作提出了新的挑战。因此，在学生入校之前，应加快建设或修缮学校的基础设施，如学生公寓、学生活动中心、热水房等，来满足学生的生活需求。不同身份、不同层面、不同阅历、不同年龄的学生状况使得传统的日常管理与后勤保障服务已经不能满足多元化生源结构的生活需求。例如，可以参考研究生住宿标准及条件、特殊学生宿舍、公共厨房、灵活的走读制度等方式来满足高校学生的多样化需求，目的是以生为本，做到管理与服务并举，让学生身心健康快乐成长。

高校学生结构具有复杂性、多样性、多层次等特点，因此，不能延续以往的管理方法与手段，应按需管理、因材施教、以学生为本，从学生的实际情况如学生自身特点、成长环境、人生经历等出发，多角度、广维度地考虑每一位学生的管理方法与手段，针对不同类别的人员采用适合的管理方式，有针对性地开展日常管理与思想政治教育工作，进而提高教学效率，确保学生能够在良好的状态下开展学习。

高校的学生管理应树立类型教育理念，全社会要形成新的共识，针对不同生源，通过目标导向、过程导向、问题导向实施分类教育管理，改变以往流水线式的管理方式，切实提高实际管理工作的有效性及增强人性化的特征，真正做到管理、育人、服务并行。

（二）营造积极的高校学生管理大环境

随着网络技术的发展，尤其是依托数字技术、互联网技术、移动通信技术等新技术，以手机网络、微博、即时通信软件等为代表的新媒体技术，对高校网络文化的建设和管理产生了较大的影响。同时，互联网的互动、手机与互联网的互动，以及互联网络、手机网络、电视网络三网融合等形成的新媒体环境也在对如何构建一个健康、文明的高校网络环境提出了新的挑战。

因此，如何加强高校网络文化建设和管理，营造积极、健康的校园文化环境，运用网络新技术在新媒体环境下推动高校新闻网的创新发展，用正确、积极、健康的思想文化占领网络阵地，发挥高校新闻网的优势是亟待解决的问题。重点从三个方面讲述了加强高校网络文化建设管理、营造积极健康的校园文化环境的措施和采用的手段。

网络文化建设已经成为社会关注的热点，也成为思想政治教育工作者参与的一个重要的领域，随着网络信息技术的进步，网民的数量在剧增，网络文化业态呈现了多元化的趋势，它对我们的工作、学习、生活产生的影响也越来越大。高校网络管理中心是全校网络运行的最主要支撑平台和防范不法分子利用网络破坏学校稳定的堡垒，是展示学校整体风貌的窗口，是学校重要的舆论宣传阵地。大力加强高校校园网络文化建设的探索与实践，是实现高校网络文化建设朝着健康、文明、和谐发展的有效途径。

1. 营造积极健康的校园文化环境

学校应该有意识地组织力量开展网络信息安全方面的科学研究，利用技术的力量对侵入网络的有害信息进行处理，努力净化网络环境，将有害信息拒之校园网外。学校应该加强校园文化建设，丰富学子的业余文化生活。首先，要以学生为本，积极开展充满时尚和青春活力的文娱活动，想方设法来吸引学生的兴趣和注意力。其次，及时对沉迷网络游戏的学生给予关心和帮助，为他们营造一个积极、健康的学习和生活氛围。最后，学校适度介入网络游戏，最大限度地控制暴力、色情等不健康信息的进入，为学生创造一个积极向上的、健康有序的网络文化环境。

2.加强学校网络思想政治教育工作队伍建设

在信息爆炸的电子时代，网络思想政治教育日益显得重要而迫切。当务之急，高校需要建立一支高素质的网络思想政治教育工作队伍，这支队伍不仅要具有较高的思想政治教育理论水平和丰富的思想政治教育经验，还要掌握计算机网络的基本知识和技能，熟练地利用网络平台开展思想政治教育工作。网络思想政治教育工作的展开，要以了解和熟悉网络语言、网络文学、网络游戏等网络文化的各种形态为前提，把握大学生的思想动态，关注和参与到他们的网络生活中，及时进行心理辅导和思想引导，使思想政治教育工作渗透到学生的虚拟生活中，使网络时代的思想政治教育工作取得更好的效果，这就要求加强高校网络思想政治教育工作能力建设。加强校园网络文化队伍建设，还需要合理配备各类专兼职人员，既要有网络专业技术人员，又要有网络管理人员，还要有网络文化研究人员。按照提高素质、优化结构、相对稳定的要求，建立统一指导、各方配合、责任明确、优势互补的网络工作队伍。凭借这支队伍，努力实践并着力打造绿色网络校园。通过各种途径密切关注网上动态，随时与学生进行平等的沟通与交流，及时回答和解决学生提出的有关学习、生活、就业等方面的问题，增强大学生网民的信息解读能力，引导大学生运用辩证的观点和科学的方法去分析问题，明辨是非，增强对网络文化的辨别力和抵制不良信息的能力，促使他们健康上网。

3.加大网络监管力度以促进网络文化健康发展

当代大学生，受世界经济浪潮的影响较深，对新鲜事物的探索和尝试较为积极。但是，由于涉世未深，自我控制能力差，一不小心就会做出违反国家法律和社会道德的事情。高校可以发挥思想政治教育的优势，引导大学生明是非、辨美丑，不制作、不传播、不散布有害信息，树立良好的网络道德品质，自觉抵制不良文化的侵蚀。

校园网络文化技术上的监管可以从以下三个方面着手。

（1）校内网站监管

在网站留言板和 BBS（bulletin board system，网络论坛）上均以互动方式进行交流，任何人都可以方便地发布信息，这属于校园网络文化监控的重点。

现在的留言板和 BBS 可以实时记录发布者的用户名、发布时间、上网计算机 IP 地址，以及上网计算机安装的操作系统和浏览器版本等资料。这样，既可以保证学生发布的信息有据可查，又可以对学生产生自我约束效果。

（2）校内上网场所监管

通常，高校校内可以上网的场所有公共计算机房、学生机房、网络实验室、电子阅览室、学生宿舍等。对公共上网场所的上网计算机可以使用机房管理系统软件进行管理，学生凭学生证实名登记上网，有条件的高校也可以使用校园 IC 卡（integrated circuit card，集成电路卡）刷卡上网。机房管理系统软件具备了记录上网时间、上网计算机 IP 地址的功能。对于学生宿舍上网管理，可以简单地采取分配固定 IP 地址、用网卡 MAC（media access control，媒体存取控制）地址等手段，也可以安装一套宽带认证计费系统软件。上网者通过账号和密码登录上网并接受软件的管理。这样，通过技术上的管理措施，结合网站对信息发布者相关资料的记录，可以按图索骥，较方便地寻找到发布信息的人。

（3）校内网络信息监管

要想有效阻挡校外网络不良文化传入校园网内，可以采取在校园网网关处对网络信息进行过滤的方法。

（三）开展"线下＋线上"日常管理模式

高校学生不同的学习经历及人生阅历，给学生管理工作带来了巨大的挑战，可以充分利用新媒体及信息技术手段，调整现有的学生管理模式，结合学生管理实际创新开展"分类管理"，开发更广泛的教育与管理平台，将信息收集与整理、分析与使用相结合，使学生管理工作更加科学化、合理化。随着"互联网＋"模式的广泛应用，高校学生管理工作也应紧跟时代潮流，通过设立公众号、微博、微信、QQ 等方式，定期发布通知及学校新闻等，让学生了解与自己有关信息的同时也随时了解学校的发展建设。

设立虚拟辅导员，实行"线下管理＋线上答疑"的模式，除了在线下面对面交流，还进行线上答疑、在线日常事务发布、在线学习等，对学生基本信息、学习、实践和考核等表现情况进行严格记录，保证信息及时、准确，确保学生正常的生活、学习秩序，实现学生分类、有重点、点对点的动态管理，使学生尽快适应校园生活，提高学生管理工作的成效，进一步建立健全自我规范的常态化管理机制。

（四）加大对学生管理考评模式的创新力度

在当前校企合作背景下，强化对学生综合素质的考评已经成为学生管理工作的核心。高校可以设计出集企业专业指导人员、院校教学指导人员、学校专业教师、学生代表、企业信息人员为一体的信息反馈网络，在校企共同作用下完成对学生综合素质的考评。这项考评工作是学校开展学生管理最核心的环节，它主要对学生在企业、学校当中的各项表现和素质能力进行综合测定与评价。

该项考评体系当中的各项指标不仅是基本评价的依据，还是学生发展的基本目标导向。这意味着高校需要构建出以学生综合素质考核为目标，定性和定量相结合的考评体系。考评的内容能够有效衡量学生学习与工作的个性和共性关系，促使其素质划分成发展性素质与基础性素质。其中，前者是学生在企业教育和学校教育中形成的能够展现自身创新性、实践性的一种良好素质；后者则是学生在学校、企业规定的实践和教学之中形成的一些基本素质。

（五）高校学生管理与校园文化建设有机结合

高校校园文化是以高校的校园为空间，主体是高校的学生、教职员工，主要内容是课余活动，基本形态是多学科、多领域的文化，广泛的交流和特有的生活节奏，它是具备了社会时代发展特点的群体文化。它是社会主义精神文明在高校的具体表现，是一所高校所特有的精神风貌，也是学生政治文明素养、道德品格情操的综合反映。

简而言之，高校校园文化是以教师为主导、以学生为主体的，在特定的校园环境中积淀形成的与社会时代发展密切关联且具备校园自身特色的人文氛围、校园精神和生存环境。

1. 构筑良好的校园环境文化

学生管理以服务学生为根本目的，为学生构筑良好的、有序的校园环境是管理学生的前提。首先，高校校园环境文化包括校园物质文化环境，它是指高校为师生、员工学习、工作、生活、娱乐等活动提供的物质条件。高校的物质文化环境是高校校园文化的硬件条件，也是高校学生管理工作的基础环境或基础条件，如果没有良好的校园物质文化环境，高校校园文化无法健康地发展，高校学生管理工作也会缺乏相应的物质保障。如果学校的环境幽雅，景色迷人，我们就可以用其自然美的景观来陶冶学生的性情，塑造学生美的心灵。校园的合理布局、花草树木、名人塑像、橱窗、宣传栏等，可让学生耳濡目染并感受浓郁的校园文化氛围。所有这些景观背后，都示意了包括建筑文化、历史文化、艺术文化、现代科技文化等"亚文化"的独特的内涵所在；而这种"亚文化"和校园总体建筑本身所构成的校园景观，使校园能时时处处洋溢浓厚的文化气息。学生经过干净、整洁、优美的环境的陶冶和塑造，既约束了自己的行为，又提高了自身的人文素养，达到促进高校学生管理工作开展的目的。其次，高校校园环境文化包括知识学术环境，主要是指学术科研、教学管理、学风建设等方面的情况和条件。它是衡量一个高校校园文化建设的好坏、管理水平高低的重要因素，甚至直接影响育人的质量。最后，高校校园环境文化包括人际关系环境，主要是指校园内部的人际关系，如学生之间、师生之间、领导之间、教师之间等多方面的关系，和谐、融洽的人际关系环境能使大家保持良好的心理状态，不仅利于教学，还利于管理，更利于学生的健康成长。

2. 营造积极的精神文化氛围

高校校园精神文化环境建设首先应在所有的教学和校园文化活动中坚持正确的政治方向，用马克思列宁主义、毛泽东思想、邓小平理论、"三个代表"重要思想和科学发展观武装学生头脑，弘扬民族优秀文化传统，加强对学生进行科学的世界观、人生观、价值观和道德观教育，引导浓厚的舆论氛围，弘扬正气、树立新风、强化理想信念、崇尚奉献精神，这对学生的世界观、道德观、价值观有着树立、锻炼、修正和提高的作用，可以增强学生的民族自信心、自尊心和使命感，激发学生的爱国主义精神，培养学生健全的人格和高尚的道德情操，增强学生抵制错误思潮的能力。

另外，要根据高校的总体培养目标和学生的实际情况，开展丰富多彩的第二课堂活动，用健康高雅的文化和艺术，引导学生合理支配闲暇时间。并且注意将学生管理工作融汇在生动活泼的各种活动中，寓教于乐，使学生在活动中展现自己、锻炼自己、发挥自己、实现自我价值，这对培养学生健全的人格、创新的能力，有着不可替代的作用。由此可见，良好的精神文化氛围，是实现高校学生科学管理工作的前提。

3. 创建科学的校园制度文化

高校校园文化，是社会整体文化的一部分，必须加以科学引导和规范，因而要创建科学的制度文化。制度文化是校园规范化建设和制度化建设的集中体现，这要求高校学生管理必须在各种制度、规章的约束下进行，规章制度对教师教学行为的约束、对学生行为规范的养成、对校园健康向上氛围的形成有着很大的促进作用，这也将促进高校学生管理和谐有序的开展。

高校的制度文化，主要包括道德行为规范、公共生活准则、校规校训、业余及课余活动规则等方面。要根据本校情况制定和完善学校各项规章制度，在校党委的宏观领导下，调动学校所有职能部门的积极性，上下协力，齐抓共管，使校园生活规范化、制度化。

第七章　高校学生管理工作创新的趋势探索

高校学生管理工作是高等学校工作的重要内容之一，是维护学校正常教学生活秩序、促进学生健康成长的重要保证，推进高校学生管理工作创新也是形势发展的迫切需要。当前高校学生管理工作的内涵发生了巨大的变化，传统高校学生工作的理念、方法和措施等已经越来越不适应其发展的需要。本章分为"微时代"下高校学生管理工作的创新、大数据时代高校学生管理工作的创新、互联网时代高校学生管理工作的创新三部分。其主要内容包括微时代对高校学生管理的积极影响、微时代下高校学生管理的策略、大数据时代的特点、大数据技术在学生管理中的应用等方面。

第一节　"微时代"下高校学生管理工作的创新

一、微时代对高校学生管理的积极影响

（一）开放思想观念

以微博、微信等为首的各大网络平台不但蕴含着丰富的内容，而且可以迅速为使用者搜索信息，使用者可以在其中了解各种类型的思想观念以及政治、文化等方面的信息。这些平台的多元化特点使高校学生可以更加轻松、便捷地了解各种知识，这有助于学生解放思想，发展出更加开放的思想观念，从而以更加理性的态度选择与自身和社会需求相符的发展方向。

（二）提升管理效率

过去常见的高校学生管理模式主要包括面谈与传统媒体宣传两种类型，然而这样的管理模式在当前的时代背景下已经逐渐遭遇淘汰。如今高校在进行学

生管理时能够直接依靠公众号、微信群、钉钉群等方式和学生之间开展更加高效便捷的交流，这可以有效提升师生之间交流的效率。

二、微时代下高校学生管理的策略

（一）将微媒介融入高校管理

高校学生管理可以依靠微媒介来提升管理效果。首先，在学生管理工作中利用微媒介来了解学生当前的思想状态，可以避免各种负面的群体性事件出现，从而实现更加完善的危机管理。其次，依靠各大网络平台可以在校内宣传积极的思想教育内容，从而为学生提供更加充分的思想道德教育，引导其建立起积极向上的价值理念。最后，依靠微媒介建立起高校学生信息管理系统。例如，在微博、微信等平台上设置学生获取个人信息、学校信息的渠道，节约高校学生管理工作的成本。

（二）挖掘微媒介对信息安全意识教育的功效

微媒介是大学生获取信息安全知识的主要途径，想要提升微时代大学生信息安全意识教育的实效，必须优化大学生信息安全意识教育媒介环境，除要加强网络监管、提升网民的个人素质之外，还应深入挖掘微媒介大学生信息安全意识教育的功效，有效提高大学生的信息安全意识，要做到以下三个方面：一是有效利用微媒介丰富的教育信息资源；二是发挥微媒介网络舆论的引导作用；三是利用微媒介宣传和普及信息安全法律法规。

1. 重视微媒介的网络舆论引导作用

随着网民人数的日益增长，网络群体的构成越来越偏向年轻化，而微媒介对大学生群体的影响也愈加深化。人们逐渐重视在各类微媒介平台上的推广与宣传，必然改变微媒介环境舆论的发展方向，而舆论的导向往往会影响大学生接收信息的质量，改变其对世界的看法。对此，要把网上舆论工作作为宣传思想政治工作的重中之重来抓。虽然目前相关部门已经有针对性地开展信息审查工作和舆论引导工作，但现实的情况是往往跟不上信息传播的速度。

为此，重视微媒介网络舆论的引导作用显得尤为必要。一方面，要充分发挥微媒介的舆论传播力量，重视微媒介平台上主流意识形态的引导。特别是面对西方文化思潮的侵蚀，大学生获取的信息往往夹杂着各类外来思想的因素，这就要求我国思想政治教育工作必须牢牢占据微媒介这一有利阵地，有针对性地加强主流意识形态的宣传和教育，发挥其价值引导作用，将主流意识形态教育的内容融入大学生信息安全意识教育中，提升大学生对信息深层意蕴的分辨能力和防范意识。另一方面，充分发挥微媒介的正向网络舆论引导。置身于网络信息高效传播的微时代，大学生获取信息的主要来源就是微媒介，舆论环境的好坏直接影响大学生信息安全意识的形成，这就对网络言论的正向引导提出了要求，为大学生的信息获取营造一个正能量的舆论环境，通过优化大学生信息安全意识教育的媒介环境，提升教育的实效性，最终达到提升大学生信息安全意识的目的。

2. 有效利用微媒介丰富的教育信息资源

如今，微媒介的诞生搭建起人们自由表达和获取信息的新平台，日益成为大学生获取信息安全知识的主要途径，而将思想政治教育内容恰当地植入思想政治教育主体的博客、微博、微信等个人空间是提升思想政治教育实效性的一个途径。教育者必须有效利用微媒介丰富的教育信息资源，汇集和整理与信息安全相关的案例、统计数据、理论分析等有用信息，对收集到的有用信息进行精心处理和有效传播，提高大学生信息安全意识教育的实效性。

首先，对教育信息进行策划和组织。教育者要对微媒介的丰富信息资源进行收集和整理，通过精心处理和整合形成有针对性的教育内容，以切实有用的教育内容吸引受教育者注意，提高其对信息安全的关注度和认同感，并通过他们的接受和配合，提升其自身的信息安全意识。例如，整合有关网络诈骗、校园网贷、网络谣言等信息安全问题的实际案例，结合信息安全知识，对案例进行有针对性的分析，将经过组织和编辑的信息传递给受教育者，使其对信息安全问题产生清晰的认识。

其次，对教育信息进行分模块处理。以高校微博为例，高校微博的内容通常包括社团活动、信息公告、新闻宣传、动态直播、人文箴言类等多个板块。教育信息的模块化处理能够提升受教育者的使用感，受教育者可以根据自己的实际需求寻找更具针对性的教育内容，达到信息安全意识教育的目的。

最后，采取多种形式分享教育信息。在通过微媒介分享教育信息时可以采取微讨论、微视频、微课堂等多种形式，结合社会热点事件向受教育者分享经过整合和处理的教育信息，引领受教育者树立正确的思想观念和价值取向。例如，开设微课堂，线上课堂使受教育者可以随时随地接收信息安全知识，自觉形成正确的信息安全意识。

3. 强化微媒介对信息安全法律法规的宣传教育

为有效应对信息化时代纷至沓来的信息安全事件以及信息安全风险日益加深的国际形势，有效维护我国国家信息安全以及国民个人的信息安全，我国自

1994 年开始就适时出台了一系列法律法规。近些年来，我国还在进一步完善关于信息安全的法律法规，如 2016 年 11 月颁布的《中华人民共和国网络安全法》和同年 12 月发布的《国家网络空间安全战略》。这些法律和法规不仅实现了信息安全意识教育的有法可依，还在一定程度上维护了我国国家安全、公共安全和个人信息安全，保护了人们的信息权益不受损害，同时也推动了信息社会的有序发展。

法律和法规是维护我国国家安全和信息安全的基本保证，而利用微媒介开展信息安全法律法规的宣传和普及，是大学生获取信息安全法律知识、培养自身信息安全法律意识的必要途径。这就要求教育者利用微博、微信等微媒介，采取多种手段扩大网络信息法律和法规的普及范围，以此传递我国相关法律的最新规定。例如，教育者可以通过微媒介举办信息安全法律知识竞赛，知识竞赛使受教育者系统、全面地掌握法律知识，培养其学习积极性，最终产生自觉遵守信息安全法律法规的意识。同时，还应加大现实案例的曝光度，具体案例具体分析，通过正、反两面的案例和深入的解读增强警示和教育作用，定期对大学生进行信息安全案例专题教育，从背景介绍、详情阐释、结果分析、成因剖析和知识讲解多个方面向大学生普及信息安全典型案例和相关法律知识，使其切实理解相关法律法规的实际运用过程，培养大学生懂法、守法和用法的自觉意识，促使大学生知晓和维护自身在信息分享和获取过程中的合法权益，正确审视自身的信息安全行为，树立遵纪守法的新风尚。

第二节　大数据时代高校学生管理工作的创新

一、大数据时代的特点

（一）信息量激增

在过往的时代中，因受信息收集途径和传播途径的限制，人们每日所能接收到的信息量并不大。随着现代互联网技术的快速发展，人们接收信息的渠道和传播信息的渠道也变得丰富多样起来，这也使人们每天都在接收大量的网络信息，知晓世界各地所发生的事情。但是信息量大这一特点并不意味着对人们的影响全都是正面的，其对人们也有负面的影响。正面的影响是，信息量激增拓宽了人们的视野，让人们能够更加真实地了解到世界各地所发生的事情，充实人们的文化底蕴。然而，对人们的负面影响则是，在网络信息中充斥着许多虚假的信息，扰乱人们对网络信息的正常判断，从而使人们失去对网络的信心。因此，我们可知，网络是一把双刃剑，网络中的信息更是真假难辨的，需要人们对其进行合理的判断。

（二）信息传播方式多样化

随着互联网技术的快速发展，互联网中信息传递的方式也变得多种多样，图片、文章、视频等传播形式层出不穷，时刻刷新人们对于信息传播途径的认知。传播途径的更新，对人们而言也是存在着正负两面的影响，其能够为人们的生产生活提供更加便利的条件，但也为人们带来了新的风险与挑战。正面的影响是，信息传播的途径增加了，人们也就能够更加便捷地将自身所要发送的信息发送出去。这对人们而言，既提高了生活质量，也提高了其工作效率，从而能够带动社会更好、更快地发展；负面影响则是，网络中的不法分子可以利用新兴的信息传播途径，进行诈骗等违法犯罪行为。由于人们对这种网络信息传播途径还处于一个懵懂的阶段，所以很多人会轻信骗子的谎话，掉进网络陷阱当中。所以，这就要求人们在接受网络信息时要保持警惕，避免因自己一时的疏忽大意而造成不必要的经济损失。

（三）信息质量参差不齐

随着互联网技术的快速发展，信息传播的途径也变得越发便利起来，很多人会在网络中发布自己所喜欢的一些网络信息，诸多的网络信息汇总在一起就构成了互联网大数据庞大的信息储备。但是在信息库中，并非所有的信息都是人们所需要的，其中，存在着大量的信息是不被人们所需要的，而这些不必要的信息为人们查询一些重要信息造成了相当大的麻烦。很多人在查询自己想要的信息时，却发现搜索出来的尽是一些无用的信息。

所以，互联网信息的管理人员需要定期清理网络信息数据库中不必要的信息数据，避免因信息堆积而造成的信息数量过大，影响了人们的互联网体验，为人们的生产和生活带来极大的不便。

二、大数据在学生管理中的应用

（一）通过信息碎片掌握学生动态

传统的学生管理工作只能由辅导员对学生的了解与跟进来实现满足各项工作的落实，但这时往往会出现信息片面性的问题，这就会导致信息因过于集中在某个方面而无法实现对学生进行系统的认知。

对此，在大数据时代下，为保证在学生管理工作中能够进一步获取学生的全面信息，则可以利用大数据技术对学生日常生活、学习所产生的各类数据进行收集与分析，以此就能为学生制定出更贴合自身需求的管理模式。而且，数据的收集工作并不会影响学生的日常生活与学习，因为它可以在学生不知情的情况下运行，这相较过去的一对一辅导或者是调查问卷等方式，可以有效缓解学生的心理压力，并且也能保证数据的收集更加真实有效。同时，在数据信息收集与分析的过程中，辅导员也要实现从多个角度去看待问题，更要重视数据结构分析工作的开展，并且要实现不遗漏学生的任何基础信息，这其实是非常困难的。

毕竟，在大数据时代下，学生所能产生的信息其实已经超过了过去的认知水平，而且学生在时代发展中，必然也会打开自身的思维，还会使学生的思想与认知更加多元化。因此，利用大数据技术，就能够有效改善传统管理模式的弊端问题，还能精准地掌握学生不同阶段中的实际变化，以此就能为学生管理工作的开展奠定良性基础。

（二）通过数据分析提供专项服务

时代的发展与进步必然会对人才的需求产生变化，所以，在当前阶段中，时代发展的特性使对于人才的需求已经由过去的知识技能型人才转变为综合素质技能型人才，而且人才要具有创新能力和个性意识，这样才能符合多元化时代的需求。但是，传统的教育管理模式很难实现个性化发展，所以，为了有效改变传统教学模式带来的弊端，并以个性化服务为基础来创新管理模式，则需要在大数据技术的有效支持下，对学生的信息数据进行收集与挖掘，这样才能找到学生的兴趣爱好及知识倾向，并分析学生的优势潜能，从而才能在学生管理工作的开展中实现以学生发展为基础来供给个性化管理服务，这样才能帮助学生弥补自身的不足，并提升学生的综合素质，进而才能为学生未来的发展做好保障。同时，大数据技术的应用，也能够有效优化当前的教育资源，并为学生寻找适合自身发展的道路，更能够以管理为基础来为学生规划自身的人生道路。

（三）通过数据分析预测学生行为

有效实现大数据技术的应用，就能够在学生进行数据网络应用时，直接监测学生的搜索信息内容，从而就能以数据分析为基础预测学生的行为变化，并实现分析学生的心理状态与学习状态。而且，在过去的管理模式下，辅导员也要掌握学生的各类情况，但此项工作具有非常高的难度，这也导致很多辅导员在基本管理工作开展中并不能依据现有数据对学生的行为进行分析，而只能通过学生的表象对其进行辅导与管理。

同时，当前时代的发展与过去有着明显性的区别，如果只是一味应用过去的管理模式，必然也会出现因与时代不符而产生弊端的问题。对此，在基本工作开展中，通过数据分析就能监测学生的心理健康状态，更能够有效避免部分学生因无法适应环境而自杀的现象的发生，还能以数据监测为基础，防止学生在相处时产生的不良事件，这样就能在学生管理工作开展中做好心理干预，以此才能有效规避校园不良事件的发生。

（四）通过技术维护保护学生安全

辅导员在进行现代化技术学习与应用时，必须提高对数据的使用能力，更要增强自身的安全意识。毕竟，大数据时代带来的种种便利也会有一定风险，所以，在各项数据信息的应用过程中，要保证学生的数据信息安全。

因为，在大数据时代，学生的生活轨迹和网络轨迹都十分透明，随着通信资料完整度的不断提升，学生的成绩、生活情况等都会被大数据技术记录，而且校园网络的建设也使网络局域十分固定。这时，通过系统查阅进行数据获取，学生的信息很容易就会被查到。对此，在学生管理工作开展的过程中，要注重以技术维护、升级为基础实现保障学生的信息安全性，从而才能防止由信息泄露带来的不良问题。

三、大数据时代高校学生管理工作创新对策

（一）加强大数据建设

在大数据时代，要不断加强大数据建设，要求高校学生管理工作不断优化提升，通过转变自身观念，加强大数据体系的相关建设，让整体工作得以平稳运行。高校在不断加强大数据建设的同时，还应当改变陈旧的思想观念和行为模式，让其真正匹配至高校建设工作中。

对高校来说，相关管理部门都应顺应时代的发展，积极转变思维，努力适应大数据时代，重点研究大数据应用技术，将重心放在大数据相关人员、人才的引进上。提升高校管理人员的综合素质，通过建立大数据工作平台，加强高校学生管理人员的相关素养。

（二）建设完善预警机制

在学习方面，学生获取知识的渠道不仅局限于课堂，还会延伸至互联网，

他们在大数据的支持下于互联网中获取学习资料，增长知识技能。同样，教师在备课、上课等方面也积极利用互联网给予的便利条件，利用大数据整理完善教案，利用互联网与同学们进行"空中课堂"，并且还利用这些平台发现学生日常生活中所碰到的种种问题，采取更为合理的办法解决问题，这就相当于利用大数据平台搭建了一个完善的预警机制，大大地提升了高校学生管理工作的全面性与高效性。

因此，在大数据时代发展的今天，要不断地利用好数据的优势，建立一个完善健全的预警机制平台，无论是在学生的学习方面，还是在日常生活方面，都能起到积极意义。

（三）加强大数据管理思维

大数据时代的发展，让学生管理信息化的功能得到了拓展，将对学生的管理拓展到学生的评估。如今的大学生正处于网络时代，所以，无论是在学习中还是在生活中都无法脱离网络，这就需要拓展其视角，在网络安全的基础上搜集各种信息，对具备利用价值的内容进行挖掘，从而对学生做出正确的评估，如学生就餐以及出勤情况等，都能够作为对学生情况进行评估的借鉴，更为学校决策提供了依据。

当下大数据应用于各行各业，将人们收集到的庞大数据进行分析整理，实现资讯的有效利用，并且这种趋势日趋高涨，因此，对高校学生管理工作来说，要清楚认识这个现状，提高自身数据管理水平与大数据技术应用水平，并且做到技术的实时跟进，不断学习、不断进步。

就目前来看，出现这样问题最主要还是年龄结构的因素，高校学生管理工作人员大部分年龄较大，对于大数据学习和数据的应用、掌握兴趣度不高，导致相关意识、敏感度较低。但在大数据时代背景的今天，海量数据鱼龙混杂、真假难辨，加大了高校学生管理工作的难度，只有对数据的分析做到精确、准确，才能大大提高高校学生管理工作的效率。

另外，高校学生管理工作人员不仅要在自身方面树立相关意识，对学生也应给予同样关注，充分给予学生相关内容的培训、教育，充分融入学生的生活当中。

（四）将大数据技术引入工作评定中

传统的评定方式较为落后，无论是在人力方面，还是在时间方面，都比较拖沓，但是相应大数据技术的应用可以大大提高这方面的效率，提高评定结果的精准度，提升评定效率。例如，对于学生校园一卡通的数据获取分析，可以有效得到学生在校消费情况的数据,不仅能够对学生的校园生活更加精确地定位,还可以进一步掌握和了解学生的在校生活情况。

同时,将获取的这些数据同其他方面,如成绩、奖学金评定等情况,整合在一起,进行对比分析,对学生的日常消费、生活其他方面的情况一目了然。因此,将大数据技术引入工作评定中不但可以提高评定效率、加强评定精准度,而且能够配合其他方面的数据一起整合发力,从整体上提高管理效率。

(五)加强高校学生的档案管理

1. 完善学生档案管理制度

当前高校学生档案管理方面出现的一些问题,主要原因是学生档案管理制度不完善。虽然国家针对档案管理颁布了《中华人民共和国档案法》《高等学校档案管理办法》,但是高校在学生档案管理方面没有严格落实制度规定,也没有结合学校的具体情况制定相应的管理制度,导致管理水平不高、管理存在缺陷。

为了学生档案更好地服务学生、用人单位,充分发挥学生档案服务学生、服务社会的功能,学校应根据学生档案的具体情况,从学生档案管理的各环节考虑,制定一套严格的管理制度,如《学生档案归档内容》《学生档案保密制度》《接受、移交、借阅登记制度》《及时归档制度》等,这些制度为学生档案管理工作的有效开展及顺利进行提供依据和保障。

2. 培养档案管理人员综合素质

学生档案管理工作是一项专业性很强的工作,管理者应具备高度的责任心、较强的服务意识、较高的计算机水平,同时具有档案学专业背景(学生档案材料多、数量大),学校应设置专人负责学生档案管理工作。为了学生档案管理工作的有效开展,学校应对档案管理工作人员定期进行档案管理培训,使他们明确岗位职责以及了解岗位的重要性,同时提高他们的服务意识,积极主动地对档案资料进行收集、归档,确保档案材料完整、真实。

随着社会信息化的快速发展,信息化管理手段在各行各业都得到了普及,在学生档案管理方面也应逐步实现信息化。

3. 提高学生档案管理信息化水平

为了提高学生档案管理效率,学生档案管理工作也应与时俱进,在"互联网+"背景下采用信息化管理。为了实现信息化进程,学校应为管理工作者购买一套先进的办公设备,建立健全学生档案管理局域网,与第三方合作开发适合学校学生档案的数据管理系统，对档案资料进行信息化收集、整理（同时应将纸质档案通过扫描、录入等手段向电子档案转化），建立学生档案资源数据库，实现网络共享。与此同时，要做好学生档案资源的安全和保密工作，采用开放性兼顾安全性的档案数据库管理模式，实现学生档案的数字化管理，充分发挥学生档案管理的服务功能。

4. 提高对学生档案管理工作的认识

学生档案管理工作是学校学生管理工作的一个重要组成部分，要改变学生档案管理工作的现状，首先，学校领导、教职员工、学生都要转变观念，重视学生档案管理工作。学生档案对学生日后的发展非常重要，学生档案资料的真实性、完整性以及档案材料的细致程度直接影响学生的前途与命运。学生档案是用人单位在选拔、任用人才等方面的重要参考依据，因此学生档案管理工作是一份重要的管理工作，学校领导应高度重视学生档案管理工作。学校领导应亲自开会落实学生档案管理要求，明确档案管理的意义，使档案管理工作者提高对工作的认识，明确自己的责任与担当，积极主动地投入更多的精力到档案管理工作中，确保学生档案材料的真实性和完整性，确保不出现漏装、混装、错装的情况，及时按归档程序归档，提高档案的服务水平和管理水平。其次，学校应为学生档案管理工作提供有利的场地、设施及充足的资金，为档案管理工作的有效开展及顺利进行提供保障。最后，学校、二级学院、辅导员要向学生加强宣传学生档案的重要性，通过主题班会、黑板报、公告栏、网络培训等形式，对学生开展学生档案内容、转递、存放、档案作用等相关知识的普及，提高学生对自己档案的重视程度，增强学生的档案意识。

5. 加强学生档案的信息化管理建设

大数据时代的到来使办公自动化普及，加之高校的数据量迅速增加，传统的纸质档案管理工作不能适应高校发展的需求。高校档案管理工作应该顺应时代的发展，利用新技术和先进的设备建立档案管理系统，并将这些材料录入系统中，及时更新信息，保证信息的真实性。学校可以通过对系统的设置，让学生通过个人账号进入系统进行查询，并及时补充缺少的材料。在这一过程中，学生不仅是档案的监督者，还是档案的维护者，在一定程度上提高学生的责任意识。因此，高校在发展的过程中应该加强学生对档案的认识，并不断完善管理过程中存在的问题。

（六）完善全面覆盖的资助政策体系

1. 合理分配政府资助预算资金

高校充分运用大数据从不同维度安排资助工作和资金分配，提高政府资助预算资金分配的合理性，不搞平均分配。高校利用大数据预测分析功能了解每学年家庭经济困难学生的数量和区域分布情况，可以从以往的数据中挖掘出对将来决策有参考价值的信息，从而指导差异化资助预算方案的制定。这种个性化、具体化的分级资助模式可以合理调配国家资金和资源。

2. 加大特别困难学生的资助力度

资助对象的精准化是对人而言的，资助形式的精准化是对事而言的。高校学生资助管理部门不能搞"平均主义"，也不能搞"一刀切"，应根据不同贫困等级开展差异化资助，尤其要加大特别困难学生的资助力度，及时解决家庭特别困难学生的学习、生活、心理上的实际困难。

运用大数据技术及时将家庭经济困难学生的数据进行二次分析并提供个性化、专门化的资助服务，运用大数据技术实时筛选出每年度每学期全校所有的特别困难学生，而不是按照学院总人数来机械地分配名额，这样，高校资助资源和资金效率就实现了最大化。

3. 全面覆盖所有经济困难学生

实现精准资助是推进教育公平的一项重要举措，各高校要全面准确地掌握各级扶贫部门认定的建档立卡的家庭经济困难学生信息，确保这些建档立卡的精准扶贫对象必须受到国家资助。

大数据分析预测能力不再依靠主观直觉的判断来进行政策决策，而是在这个基础上实现精准化资助，把所有学生的基本信息、家庭状况、消费情况、学业成绩、社会实践等数据进行融合，找出真正需要资助和需要资助多大额度的学生，确保国家资助政策惠及所有经济困难的学生。

（七）构建合理规范的资助征信体系

1. 提高经济困难学生的诚信意识

诚信是中华民族几千年来形成的优秀传统文化，也是社会主义核心价值观的重要内容之一，更是社会公德、职业道德、家庭美德、个人品德建设都必须坚守的底线。通过诚信教育、专题讲座等线上线下相结合的多种活动形式来培养学生正确的世界观、人生观、价值观，传承中华文化，营造良好的校园文化、育人环境和氛围，倡导社会主义新风尚。

2.建立失信学生多元追责机制

通过进行大数据比对，可以检测出不属实的家庭经济困难学生，高校可以联系家庭经济困难学生的生源地所在政府民政部门核实情况，要取消家庭经济困难学生受助资格并追回资助资金，纳入学生网络征信档案系统，据此建立失信学生多元追责机制，实施高校家庭经济困难学生资助工作的有效监管。

对于逾期没有及时还贷的家庭经济困难学生，通过大数据可以了解学生本人及其家庭情况，督促其毕业后按时按比例按要求还款，毕业后还款确实有困难的学生经核实审批后可以适当延长还款期限。申请助学贷款的家庭经济困难学生毕业后还款情况可以作为评价资助工作部门工作业绩的标准，目的是保障国家信贷资金的安全。

（八）建立高效反馈机制

第一，利用学生学习方面的大数据来进行指导，并及时关注大数据变化，调整教学方式、学习内容。

第二，对于学生生活方面存在的问题，应借助学校网站提供的数据信息分析汇总，制定科学的管理制度，实时观察大数据的动态变化，发现不适宜之处，进行制度整改，以此来满足学生的生活需求。例如，针对食堂容量小、无法满足学生需求的情况，可以对学生买饭时间、吃饭时间等数据进行汇总，制定中午错时下课的制度；依靠大数据来检验制度是否有效，对不足之处进行整改，以满足学生的用餐需求。

第三，建立心理预警机制，针对大学生存在的心理问题搜集数据，设置警戒值，及时对学生进行干预，减少心理问题对学生学习与生活的影响。

（九）提升个性化服务

首先，应认识到学生之间的差异性，在学习方面应坚持差异化教学，满足不同学生的学习需求。可以采用分班制教学，根据学生接受能力、学习基础等进行班级划分，为学生提供有针对性的指导。

其次，利用大数据信息为学生提供就业服务，通过大数据中学生学习内容、学习偏好、日常行为表现等为学生提供有针对性的就业指导，引导学生找到适合自身的社会岗位。

最后，大学生受社会环境、西方文化等因素的影响，出现追赶新潮、刺激、个性等生活观念，应利用大数据有针对性地引导，将其控制在一定范围内，而不是采用强硬手段进行一刀切式的管控。例如，针对学生就业问题成立管理网站，涵盖就业服务信息、岗位信息、动态信息等，学生可以从网站中直接获取相关就业服务信息，不仅方便了学生管理，还提高了管理效率，能够帮助学生解决更多的实际问题。

第三节　互联网时代高校学生管理工作的创新

一、互联网环境下的学生特点

（一）思维逻辑和性格特征独特

受互联网的影响，高校学生在思维逻辑和性格特征方面具有突出表现：①高校学生长期处于网络信息环境中，习惯于利用网络思维来理解和分析事情，对专业知识和生活问题表现出较强的创新思维。②高校学生在网络环境下进行娱乐和社交活动，性格会受到一定影响。

就目前来看，大多数大学生表现出强烈的个人特点，性格特征十分突出，在日常生活中喜欢标新立异，具有强烈的表现欲望。可见，高校学生思维和性格的塑造，与学生日常获取的信息内容密切相关，在思想和行为上会产生较大变化。

（二）思想价值观念呈现多元化趋势

在互联网环境下，信息传播十分便捷，内容价值影响深远。高校学生的成长处在高度发达的网络信息时代，出现了新型的信息获取和信息传播形式，高校学生自成长阶段就开始接触各种新鲜的事物和内容，逐渐形成了自身特有及多元化的思想价值观念。学生对新鲜事物比较好奇，其更加善于运用互联网了解未知的事物和理念，但是高校学生自身知识体系和思想意识还不够成熟，无法有效分辨不同价值观念的正确与否，一旦学生建立了非主流的思想价值观念，会对学生未来的学习和发展产生严重的负面影响。

（三）生活和学习方式呈现新的特点

高校学生的首要任务是学习，但除了专业课程知识内容，还应注重自身综合素质的培养和提升。教师需通过课堂教学等一系列教学形式提升学生的专业课程知识储备。高校可通过举办多种活动或开设丰富的公共课程，提升学生的综合能力。

互联网的发展和普及使信息获取更加方便、快捷，除常规图书、期刊、报纸外，互联网已成为学生获取信息的主要途径。互联网具有信息获取便利、内容丰富的特点，网络信息服务更加人性化和个性化，因此受到高校学生的青睐。

目前，大多数学生在日常学习和毕业论文设计中普遍会使用互联网进行辅助，也善于通过互联网进行娱乐和社交，网络视听文化十分丰富，比较符合大学生的兴趣特征，已成为大学生的主要生活方式和娱乐方式。

二、互联网之于学生管理的积极作用

（一）扩大管理范围

网络技术能够打破时空的限制，为学生管理工作打开新的大门。高校可通过网络技术全面把控学生的基本信息，随时了解学生动态，开展科学有效的管理。此外，高校可利用互联网技术实现对学生的全方位监督，全面提升学生管理工作的质量。

（二）提高管理效率

网络技术具有传播速度较快、数据资源庞大且准确等优势，将其有效应用于高校学生管理工作中将大大提升管理工作效率。高校可通过互联网平台发布新闻讯息，帮助学生实时掌握社会最新动态，还可以发布一些招聘信息，使学生了解市场需求，结合自身实际情况选择适合自己的工作岗位。

（三）促进管理方式多元化

网络技术可以通过生成图像或视频等形式，多方面、多角度地调动学生的学习积极性，实现管理模式趣味化和创新化，提升学生管理工作水平。信息化管理政策的实施能够拉近管理者和学生之间的距离，有利于双方的沟通和交流。高校可以建立网上互动平台，师生可在平台上畅所欲言，增进彼此之间的了解，这样有利于问题的沟通和解决，保障师生间的平等性，提升学生管理工作水平。

三、互联网技术的应用现状

（一）管理理念传统、陈旧

部分高校学生管理人员管理思想传统、陈旧，认为学生管理工作都是要靠人力来进行的，忽视了计算机信息技术的重要性，严重降低了管理工作效率，不利于现代化校园建设目标的实现。

（二）管理方式不够科学

高校学生管理工作是由多部门协作完成的，管理内容较为复杂，但部分高校未对管理内容进行系统科学的规划，各部门都是根据自身实际工作情况和工作需求，选用不同的管理软件，很难实现工作的协调统一。造成这种情况的主要原因是校园网建设不够完善，校园网建设的核心目标是将校园内部的各类资源整合到一起，确保高校管理者和学生之间能够实现实时交流，同时师生可以从校园数据库中查询自身需要的信息资源。但在实际工作中，管理人员对一些重要的资料文献设置了登录密码，并未完全开放查阅，网络信号较差，无法实现资源共享。

（三）管理系统不够完善

虽然部分高校已经利用网络技术建立了信息管理系统，但技术还不成熟，很难进行下一阶段的优化升级，不利于高校学生管理工作的开展。管理系统不够完善，无法有效执行教学计划，管理工作效率较低。

四、互联网时代高校学生管理工作创新路径

（一）构建学校网络专区

参考各大平台的信息搭建，创设属于自身学校的社区网络，在平台上可以随时将学校的活动和比赛等内容进行发布，吸引学生自主报名。众多升学或者工作的学生也可以加入，在闲暇之余可以给在校学生提供一些建议，无论是在未来升学上还是在工作上。这种方法不仅顺应了现代大学生的兴趣爱好和信息接收渠道，还便于学生综合性的管理，丰富其校园生活，减轻学习压力，并且有大量的校友资源，为学生日后走向社会的人际交往问题也提供了极大便利。

（二）创新学生管理工作理念

在互联网时代，高校学生管理工作理念创新是优化学生管理工作的基础和前提，所以高校学生管理人员一定要准确认识到互联网环境下学生思想观念受到的影响及变化，在学生管理工作过程中不断创新学生管理理念，为学生选择更加容易接受的管理模式，以此来有效优化高校学生管理工作。

在互联网时代，高校学生管理工作人员需要树立起以学生为本的管理工作理念，具体而言就是在管理期间从学生角度来思考解决问题的方式，同时尊重学生的个性及创造力，结合学生发展的不同特点来调整学生管理方式，进而有效发挥出学生的主体作用，促进学生身心健康发展。

（三）创新高校学生管理工作模式

1. 利用"互联网+"优化学生日常管理

在高校学生管理工作实施过程中，学生日常管理属于最为基础的管理工作，

在这一过程中高校学生管理人员可以按照管理工作实际诉求，来选择恰当的互联网工具对学生展开日常管理，这样能有效创新管理模式，提升管理质量。

首先，高校学生管理工作人员可以借助学生管理系统 App 来做好学生基础信息录入、维护与修改，同时在上面为学生发布与其相关的信息资源；其次，高校学生管理工作人员可以将微信群、QQ 群等即时通信软件作为补充途径为班级学生发布相关信息，同时上传相关文件，以此来保障信息传达到位，同时及时获得学生信息反馈；最后，学生管理人员还可以组织学生在微信群、QQ群上进行学习讨论，通过讨论的方式来征询学生对学生管理工作的意见，而学生也能在虚拟会议环境下畅所欲言，这样就能为学生管理工作的实施提供有效指导。

2. 构建"互联网 +"思想政治教育管理平台

高校学生管理工作在实施过程中，思想政治教育是工作核心，因为受"互联网 +"时代背景的影响，高校学生接触信息的渠道也明显增多，网络上各类信息也在一定程度上对高校学生思想道德素质造成了不良影响，这也加大了高校学生管理的难度。

为此，互联网时代下高校学生管理工作要想顺利实施，还可以主动构建"互联网 +"思想政治教育管理平台，借此进一步优化高校学生思想政治教育，从而有效帮助学生树立起正确的价值观与思想道德认知。例如，当代大学生经常使用的信息平台就是微信、微博、今日头条、抖音等，高校学生在学生管理过程中就可以在这几个平台上注册账号，然后让学生关注这几个账号，在这个账号平台上则可以定期为学生推送思想政治教育内容，通过全新的思想政治教育方式来改变传统说教的枯燥性，从而有效提高学生的认知，真正提升思想政治教育的实效。

除此之外，考虑到当代大学生思想方面的问题主要以心理情绪、学习课业、恋爱情感、职业发展以及人际交往等为主，所以在利用"互联网 +"平台展开思想政治教育的时候，还可以从以下两个方面着手。

第一，高校学生管理工作人员还可以在学校官方网站、社区论坛、微信公众号上为学生专门开设一个思想政治教育工作专栏，抑或是思想政治教育咨询热线，借此来为学生发布思想政治教育最新动态。

第二，在学生思想政治教育管理过程中，针对学生职业困惑，学校管理人员还可以在微信公众号、学校官网上为学生开设职业发展规划、学习交流、就业信息等交流栏目，以此来拓展学生与管理工作人员之间的交流途径，同时为解决学生思想困惑提供全新途径。例如，"职业发展规划和就业信息"这一栏目的主要目的就是服务于毕业班学生，而中低年级学生也可以在这一栏目中对各行业的就业情况形成有效把握，并且基于此来做好自身职业生涯规划，为学生相互交流与资源共享提供良好途径。

3.利用"互联网＋"强化学生管理

互联网时代下高校学生管理工作质量要想得以保障，高校学生管理工作人员还可以利用"互联网＋"强化学生管理，这也是学生管理工作中十分重要的部分。

首先，高校可以在学生管理工作过程中构建出学生信息综合管理平台。例如，可以借助微信公众号来搜集学生成绩、学籍等信息，这样学生即可直接通过学号来查询自己的相关信息。

其次，高校学生管理人员还可以主动为学生构建微信、QQ、校园论坛等一系列互动与交流平台，在这些平台上为学生发布考试、评优等相关信息，同时基于此来对学生思想动态形成良好感知，这样就能有效监控学生的异常行为，避免出现管理问题。

最后，还需要打通校园一卡通与互联网之间的壁垒，将校园一卡通与支付平台有效衔接在一起，并且对其展开大数据分析，这样就能最大程度地优化高校学生管理工作。

（四）创新高校学生管理平台与组织结构

第一，互联网时代下平台可以说是最大原动力，一个组织管理的平台化可谓大势所趋，高校学生管理工作在创新的时候也需要展开平台化，通过构建互联网学生管理平台来优化管理效率。基于互联网的学生管理工作平台，能够有效实现信息及时传递与反馈、随时随地互动与交流、资源共享，这对高校学生管理工作而言十分重要。为此，高校学生管理工作在实施过程中，可以将各种互联网媒介作为工具来对多方面资源进行有效整合，从而有助于学生管理工作智能化、合理化的开展。例如，可以借助微信、QQ、微博、高校网站、远程办公系统、学生管理系统来形成一个完善的高校学生管理系统，借此来有效优化学生管理工作成效，促进学生的成才与发展。在这一平台上，学生能够随时随地地了解各项信息，获得自己想要的资源；另外，学校也可以基于这一平台把握学生的思想动态，从而有效调整、优化学生管理工作。

第二，在管理组织结构方面，也需要改变之前管理部门庞杂的组织结构形式，互联网时代学生才是高校学生管理主体，而"快"是管理主题。所以，高校在组织结构构建过程中，可以构建出扁平化的组织结构，这能更好地满足学生的多样化诉求，从而有效提升高校学生管理工作的效率。

参考文献

[1] 安世遨. 对话管理：大学生管理新范式 [M]. 重庆：重庆大学出版社，2010.

[2] 盖晓芬. 现代高等职业院校学生管理模式 [M]. 杭州：浙江大学出版社，2010.

[3] 都玉洞. 职业教育校园文化建设与学生管理 [M]. 北京：中国轻工业出版社，2013.

[4] 王晓晴. 高等职业院校学生管理过程控制模式与实践 [M]. 昆明：云南人民出版社，2014.

[5] 王新峰，盛馨. 信息化思维下的高校学生管理 [M]. 长春：吉林文史出版社，2016.

[6] 王瑛. 高校学生管理创新模式研究 [M]. 长春：吉林大学出版社，2016.

[7] 曾瑜，邱燕，王艳碧. 高校学生管理工作法治化研究 [M]. 成都：西南交通大学出版社，2016.

[8] 储祖旺，蒋洪池，李祖超. 高校学生事务管理质量与评估 [M]. 武汉：中国地质大学出版社，2017.

[9] 李熙. 互联网＋时代高校学生管理模式的转变及创新 [M]. 长春：东北师范大学出版社，2017.

[10] 寇玉生，姜喜双. 大学生危机事件管理理论与实务 [M]. 沈阳：东北大学出版社，2017.

[11] 唐杰. 人力资源管理理论在高校学生管理中的应用研究 [M]. 成都：电子科技大学出版社，2018.

[12] 徐友辉，何雪梅，罗惠文. 高职院校学生教育管理创新研究 [M]. 成都：西南交通大学出版社，2018.

[13] 邵帅. 新生代大学生的心理行为特点及教育管理对策研究 [M]. 北京：

北京工业大学出版社，2019.

[14] 广小利. 高职学生时间管理现状与能力培养研究 [M]. 北京：北京理工大学出版社，2018.

[15] 贾素娟，杜钰，曹英梅. 学生教育与教学管理研究 [M]. 北京：中国商务出版社，2019.

[16] 吴能武，张惠虹. 高校学生学籍管理案例解析 [M]. 上海：上海教育出版社，2019.

[17] 莫春梅. 服务与发展理念下的高校学生管理研究 [M]. 北京：中国原子能出版社，2020.

[18] 张秋霞. 大数据背景下高校学生教育管理工作创新研究 [J]. 邯郸职业技术学院学报，2020，33（3）：71-73.

[19] 程天乐，白琼. 高校学生管理法治化问题的完善与思考 [J]. 法制博览，2020（27）：149-150.

[20] 何伊凡. 新形势下高校学生管理工作创新性探析 [J]. 国际公关，2020（10）：239-240.

[21] 张莉. 互联网时代高校学生管理面临的困境及对策 [J]. 绿色科技，2020（17）：251-252.

[22] 陈志军. 新形势下加强高校学生管理工作的对策 [J]. 文学教育，2020（9）：167-168.

[23] 刘西珍. 高校学生管理中构建和谐的师生关系探析 [J]. 农家参谋，2020（18）：274.

[24] 孙婷. 自媒体时代下高校学生管理工作创新思考 [J]. 湖北开放职业学院学报，2020，33（17）：16-17.